Lester Luborsky

Einführung in die analytische Psychotherapie

Ein Lehrbuch

Übersetzung aus dem Amerikanischen von H.-J. Grünzig

Geleitwort von H. Kächele

Springer-Verlag
Berlin Heidelberg New York
London Paris Tokyo

Lester Luborsky, Ph. D.
207 Piersol Building G1, Hospital of the University of Pennsylvania
Philadelphia, PA 19104, USA

Übersetzer:
Dr. phil. H.-J. Grünzig
Diplom-Psychologe, Reuttierstraße 38, D-7910 Neu-Ulm

Titel der amerikanischen Originalausgabe:
Lester Luborsky, Principles of Psychoanalytic Psychotherapy

ISBN 3-540-19026-0 Springer-Verlag Berlin Heidelberg New York
ISBN 0-387-19026-0 Springer-Verlag New York Berlin Heidelberg

CIP-Titelaufnahme der Deutschen Bibliothek. Luborsky, Lester:
Einführung in die analytische Psychotherapie : e. Lehrbuch / Lester Luborsky.
Dt. Bearb.: H.-J. Grünzig. – Berlin; Heidelberg; New York; London; Paris;
Tokyo: Springer, 1988
Einheitssacht.: Principles of psychoanalytic psychotherapy <dt.>
ISBN 3-540-19026-0 (Berlin . . .) brosch.
ISBN 0-387-19026-0 (New York . . .) brosch.
NE: Grünzig, H.-J. (Bearb.)

Printed in Germany

Gesamtherstellung: Druckhaus Beltz, Hemsbach/Bergstraße
2119/3140-543210

Geleitwort

Das vorliegende Lehrbuch der analytischen Psychotherapie von Lester Luborsky ist im Kontext jahrelanger Forschungs- und Lehrtätigkeit an der psychiatrischen Klinik der Penn Medical School in Philadelphia entstanden. Die in diesem Buch vertretene Konzeption einer psychodynamisch geprägten Psychotherapie geht auf die vielfältigen Erfahrungen zurück, die der Autor an der Menninger Foundation in Topeka gewinnen konnte. Luborskys Beiträge zur Psychotherapieforschung sind umfassend. Er gehört zu den wenigen, die sich über Jahrzehnte kontinuierlich und erfolgreich bemüht haben, empirische Forschung in der Psychotherapie zu verankern.

Im vorliegenden Lehrbuch werden seine reichhaltigen klinischen und wissenschaftlichen Erfahrungen didaktisch hervorragend für die Praxis aufgearbeitet. Die Konzepte der „hilfreichen Beziehung“ und des „zentralen Beziehungskonfliktes“ bilden den unspezifischen bzw. spezifischen Eckpfeiler der klinischen Ausfaltung der einzelnen therapeutischen Schritte.

Die vorliegende deutsche Ausgabe des Buches wird Studenten der Medizin und Psychologie anregen, sich mit der analytischen Psychotherapie weiter zu beschäftigen; besonders ist dieses Lehrbuch jedoch für diejenigen geeignet, die im Rahmen der ärztlichen oder klinisch-psychologischen Weiterbildung eine systematische und praxisnahe Einführung in eine psychoanalytische Psychotherapie anstreben. Anfänger wie Fortgeschrittene werden bei der Ausübung dieser Behandlungsform aus dem Buch vielfältige Anregungen ziehen.

Ulm, im März 1988

Horst Kächele

Vorwort des Übersetzers

Dieses Buch, als Manual und Anleitung in analytischer Psychotherapie v. a. für Forschung und Weiterbildung konzipiert, ist in der Tradition der Menninger Foundation, also der frühen US-Forschungsprogramme im Bereich der analytischen Psychotherapie, verfaßt und in erster Linie für den mit der amerikanischen Psychiatrie bzw. Psychotherapie vertrauten Leser gedacht. Aber schon während der Entstehungsphase gab uns der Autor Gelegenheit, an der Abteilung Psychotherapie der Universität Ulm seinen Entwurf zu diskutieren.

In der deutschen Übersetzung konnte sowohl auf das Vorwort Luborskys als auch auf das einführende Kapitel über die (ausschließlich angloamerikanische) Geschichte von Psychotherapiemanualen verzichtet werden, da sie für den deutschsprachigen Leser vermutlich von untergeordnetem Interesse sind. Ebenfalls nicht übernommen wurde das für das vorliegende Manual eher randständige Kapitel, in dem spezielle behandlungstechnische Probleme von Zeitbegrenzung, von Partner-, Familien- und Gruppentherapie und der Kombinationen von Psychotherapie und Psychopharmakotherapie erörtert werden.

Der Untertitel im Original lautet: *A manual for supportive-expressive treatment.* Die Begriffsbildung „supportive therapy" und „expressive therapy" ist im angloamerikanischen Sprachraum durchaus gebräuchlich; im deutschen Sprachraum ist hingegen nur die Bezeichnung „supportive Therapie" geläufig; der Begriff „expressive Therapie" ist hier nicht eingeführt. Bei der Übersetzung erwies es sich als schwierig, den ungewohnten Begriff „expressiv" durchgehend zu vermeiden; im 1. Kapitel findet sich eine nähere Bestimmung dieses Begriffs. Die in diesem Buch dargestellte Art der Psychotherapie ist durchgehend als analytische Psychotherapie aufgefaßt und bezeichnet worden. In Luborskys Denken und in seinem Verständnis von Psychotherapie sind die behandlungstechnischen Teilaspekte der Supportivität und der Expressivität integraler Bestandteil einer jeden gut geführten analytischen Psychotherapie, ob es sich im einzelnen um eine tiefenpsychologisch fundierte Kurztherapie von 12 Sitzungen oder um eine mehrjährige, hochfrequente Psychoanalyse im Liegen handelt. Welcher dieser beiden Teilaspekte in einer Behandlung jeweils besonders betont ist, wird auch vom Psychotherapeuten unter dem Stichwort der „adaptiven Indikation" bestimmt.

Ulm, im April 1988 Hans-Joachim Grünzig

Inhaltsverzeichnis

Teil I. Grundlagen und Zielsetzung des Manuals

1 Die Zielsetzungen des Buches und die Behandlungsarten

Zielsetzungen

Analytische Psychotherapie ist eine häufig benutzte Bezeichnung für eine häufig praktizierte Richtung der Psychotherapie. In den USA (und ebenso in Deutschland; Anmerkung des Übersetzers) stellt sie die in psychiatrischen ambulanten Einrichtungen und von niedergelassenen Psychotherapeuten am häufigsten durchgeführte Art von Psychotherapie dar (Feldmann et al. 1985; Henry et al. 1973). Selbst mit zunehmender Ausweitung der Verhaltenstherapie (Brady 1970) und der humanistischen Psychotherapieschulen (Karasu 1981) hat die analytische Psychotherapie nicht an Bedeutung verloren; im Gegenteil: neue Behandlungsformen kamen zu der bereits bestehenden Vielfalt noch hinzu (Parloff 1979).

Trotz der breiten Anwendung von analytischer Psychotherapie fehlt, wie bei allen anderen Psychotherapiearten auch, ein gesichertes Wissen darüber, warum sie sich meistens hilfreich auswirkt und warum sie bisweilen nicht zum Erfolg führt. Die vergleichende Psychotherapieforschung untersucht den unterschiedlichen Erfolg der verschiedenen Arten von Psychotherapie und benötigt hierfür spezifischere und effizientere Forschungsmethoden als jene, die in den vielen bisherigen Untersuchungen verwendet worden sind. (Eine Übersicht ist in Luborsky et al. 1975 sowie in Smith et al. 1980 enthalten.) Als Minimalforderung sollten solche Forschungsmethoden enthalten: 1) eine festlegende Beschreibung der Behandlungstechniken der untersuchten Psychotherapiearten; 2) eine ausführliche Therapeutenanleitung zur Handhabung der Behandlungstechniken und 3) ein Beobachtungsinstrument zur Feststellung des Ausmaßes, in dem der Therapeut die Behandlungstechniken tatsächlich anwendet. Die letztgenannte Forderung wurde bislang fast durchgehend vernachlässigt.

Dieses Buch versucht, einige der drängenden Probleme in diesem Forschungsbereich zu verringern, indem die genannten 3 Minimalforderungen sowie zusätzlich weitergehende Forschungsvoraussetzungen erfüllt werden:

Eine umfassende Darstellung der analytischen Psychotherapie

Das Manual beschreibt die wesentlichen Prinzipien dieser Therapieart, die auf Sigmund Freuds behandlungstechnische Empfehlungen zurückgehen (1911, 1912a und b, 1913a, 1914, 1915) und über Jahrzehnte der Anwendung und Forschung, besonders in der Menninger Foundation, ergänzt und erweitert wurden. Der wesentliche Kern dieser Therapieart wird weiter unten in diesem Kapitel und in Kap. 2 dargestellt.

Eine Behandlungsanleitung in Form eines Manuals

Die Darstellung erfüllt die 3 wesentlichen Anforderungen, die an ein Therapiemanual in der Psychotherapie zu stellen sind: a) Die Behandlungsanleitungen sollten so vollständig ausgearbeitet sein, wie es die Therapieart zuläßt, und die wesentlichen Behandlungstechniken enthalten, die die Therapie bestimmen. b) Das Manual sollte die Behandlungsprinzipien verdeutlichen und dem Therapeuten Handlungsanweisungen geben. Dies wird am besten erreicht, indem jede Behandlungstechnik so konkret wie möglich dargestellt und durch Fallbeispiele veranschaulicht wird. c) Dem Manual sollten Beurteilungsskalen angegliedert werden, die abzuschätzen gestatten, in welchem Ausmaß der Therapeut die wesentlichen Behandlungstechniken tatsächlich verwendet.

Beurteilungsskalen zur Feststellung, inwieweit der Therapeut den Anweisungen des Manuals folgt

Das Ausmaß, in welchem der Therapeut das Manual beherrscht und somit in der Lage ist, den Anweisungen zu folgen, kann mit Hilfe der Beurteilungsskalen von unabhängigen Beurteilern anhand von Behandlungsausschnitten des Therapeuten eingeschätzt werden. Diese Beurteilungsskalen gehen teilweise auf Luborsky et al. (1982) zurück. (Diese Beurteilungsskalen sind in die deutsche Buchfassung nicht aufgenommen worden, weil sie für die deutschen Verhältnisse noch nicht adaptiert und überprüft sind; Anmerkung des Übersetzers.)

Eine Ausbildungshilfe für Therapeuten, Supervisoren und Ausbilder

Das Manual ist ein nützliches Hilfsmittel bei der Ausbildung von Therapeuten; es verhilft erfahrenen Therapeuten zur Verbesserung ihrer behandlungstechnischen Fertigkeiten und ist ein wertvoller Begleiter bei Supervisionen. Die Skalen zur Einschätzung der Behandlungstechniken können als Beurteilungsmaßstab herangezogen werden, ob ein Therapeut die Behandlung nach den Richtlinien des Manuals führen kann und das Ausbildungsziel erreicht hat.

Ferner wurde dieses Manual mit besonderer Berücksichtigung der Aufgabe des Therapeuten verfaßt; dies schlägt sich in der Betonung der behandlungstechnischen

Prinzipien nieder, die der Therapeut zum besseren Verständnis der Mitteilungen des Patienten befolgen sollte. In der gesamten Geschichte der analytischen Psychotherapie wurde der Prozeß, durch den der Therapeut aus den Mitteilungen des Patienten zu Deutungen gelangt, weitgehend vernachlässigt (Ramzy 1974; Ramzy u. Shevrin 1976).

Das Ziel des Manuals – die Betonung der behandlungstechnischen Prinzipien, nach denen der Therapeut beim Verstehen der Motive des Patienten vorgeht – ist von besonderer Bedeutung. Es gehört zur Kennzeichnung einer psychoanalytischen Orientierung, daß der Therapeut ein „Verständnis der Motive aus der Sicht des Patienten" (Klein 1970) zu erreichen sucht. Um ein solches Verständnis zu erreichen, schlägt das Manual als schematischen Rahmen eine Verfeinerung der klinischen Methode vor, welche die „Methode des zentralen Beziehungskonfliktthemas" („core conflictual relationship theme (CCRT) method") genannt wird (vgl. Kap. 6). Diese Methode enthält Regeln für das Verstehen des Leitthemas von Wünschen, Bedürfnissen und Motiven des Patienten hinsichtlich seiner wesentlichen Beziehungspersonen, den Therapeuten eingeschlossen. Das Verständnis eines solchen Beziehungsthemas kann dann als Leitlinie für die deutenden Interventionen des Therapeuten dienen.

Einschätzung und Sicherung der therapeutischen Beziehung

Kapitel 5 enthält hierfür Leitlinien. Diese gehen teilweise auf klinisch-quantitative Forschungsergebnisse zurück, nach denen sich eine hilfreiche Beziehung für den Patienten günstig auswirkt. Eine solche Beziehung ist bestimmt von dem Ausmaß, in dem der Patient die Beziehung zum Therapeuten als hilfreich für das Erreichen seiner Zielvorstellungen erlebt.

Das Manual ist gedacht für zeitlich festgelegte Behandlungen, sog. Kurztherapien, wie auch für zeitlich nicht festgelegte Therapien; es ist anwendbar für sehr verschiedene Patientengruppen, beispielsweise auch für solche, die neben der Psychotherapie gleichzeitig eine medikamentöse Behandlung benötigen. In das Manual sind relevante Ergebnisse der quantitativen Psychotherapieforschung eingearbeitet, sowohl hinsichtlich der Wirksamkeit der Therapie als auch im Hinblick auf behandlungstechnische Grundlagen.

Kernstücke der analytischen Psychotherapie

Die Merkmale der analytischen Psychotherapie können durch den Vergleich mit ihren nächsten Verwandten festgestellt werden. Die auffälligsten Eigenarten der analytischen Psychotherapie werden aus dem Blickwinkel der Elterndisziplin, der Psychoanalyse, deutlich. Tatsächlich ist die analytische Psychotherapie in den meisten Darstellungen der letzten Jahrzehnte durch die Unterschiede zur klassischen

Psychoanalyse gekennzeichnet. Freuds behandlungstechnische Empfehlungen, niedergelegt in den 6 berühmten technischen Schriften (1911, 1912a und b, 1913a, 1914 und 1915), bilden den Ursprung der klassischen Psychoanalyse. Diese Form der Psychotherapie erfuhr mehrere ausgezeichnete Deutungen und Abwandlungen, die jedoch stets als klassische Psychoanalyse erkennbar blieben, z.B. Fenichel (1941), Stone (1951) und Menninger u. Holzman (1973).

In der Zeit nach der Entwicklung der Psychoanalyse durch Freud waren es im wesentlichen 2 Motive, welche die Ausdifferenzierung der analytischen Psychotherapie aus der klassischen Psychoanalyse vorantrieben, wobei deutliche Ähnlichkeiten mit der ursprünglichen Psychoanalyse bestehenblieben. Die ersten und frühesten dieser Ausdifferenzierungen wurden von Ferenczi (1920) und Rank (1929, 1931) vorgenommen, um den Bedürfnissen sowohl von Patienten als auch von Analytikern nach einer kürzeren Dauer der Psychoanalyse nachzukommen. Alexander u. French (1946) setzten diese Abkürzungsbestrebungen fort mit dem Ziel, psychoanalytische Behandlungen finanziell erschwinglicher zu machen. Diese wurden häufig auf den für Kurztherapien üblichen Behandlungszeitraum abgekürzt. Nach Butcher und Koss (1978) „liegt heute ... die obere Grenze für Kurztherapien bei 25 Sitzungen, wobei viele Kliniker Behandlungen mit 1–6 Sitzungen gegenüber den längeren Behandlungen mit 10–25 Sitzungen bevorzugen". Eine andere Form von analytischer Psychotherapie wurde Anfang der 40er Jahre im 2. Weltkrieg von Grinker u. Spiegel (1944, 1945) und von Lindemann (1944) als Grundlage für Kriseninterventionen entwickelt. Diese sehr kurzen Behandlungsverfahren waren für 1–3 Sitzungen ausgelegt und kamen in Situationen zum Einsatz, in denen eine sofortige Intervention erforderlich und wenig Zeit verfügbar war.

Das 2. Motiv für die Differenzierung der klassischen Psychoanalyse berücksichtigte den Bedarf an einer vielseitigeren Art von Psychotherapie im Hinblick auf verschiedene Patientengruppen. Die analytische Psychotherapie kann leicht bei einem breiten Spektrum von Patienten eingesetzt werden, selbst bei Patienten mit geringer seelischer Stabilität, die Schwierigkeiten hätten, die Belastungen der klassischen psychoanalytischen Behandlungssituation zu ertragen.

Die wesentlichen Behandlungsprinzipien

Da keine einzige vollständige Quelle für Behandlungsprinzipien in der analytischen Psychotherapie vorliegt, wurde die folgende Auswahl aus der Fülle der veröffentlichten Abhandlungen zu dieser Art von Psychotherapie stichprobenartig gewonnen. In dieser Auswahl wurde den klinischen Schriften mehr Gewicht beigemessen als den eher theoretischen Erwägungen.

Die hier vorgelegte Darstellung der Behandlungsprinzipien wie auch das gesamte Manual sind somit ziemlich frei von unwesentlichen metapsychologischen Formulierungen.

Die Behandlungsprinzipien stammen im wesentlichen aus folgenden Darstellungen: Bergmann u. Hartman (1977); Bibring (1954); Freud (1911, 1912a, b, 1913a, 1914, 1915); Gill (1951, 1954); Greenson (1973); Hollender (1965); Luborsky et al. (1958); Schlesinger (1969); Stone (1973); Wallerstein et al. (1956); Wallerstein (1986).

Die analytische Psychotherapie hat eine lange Geschichte. Seit ungefähr 1934 ist sie im wesentlichen in der Ausgestaltung, wie sie in diesem Manual beschrieben ist, eine der Standardbehandlungen in der Menninger Foundation (Wallerstein et al. 1956).

Die hier beschriebene Form der analytischen Psychotherapie besteht aus „supportiven" und „expressiven" Behandlungstechniken; die wesentlichen kennzeichnenden Merkmale werden im folgenden kurz umrissen.

1) Klinische psychoanalytische Prinzipien

Es gelten die bekannten klinischen Prinzipien der Psychoanalyse; in erster Linie wird auf Übertragungsphänomene geachtet (Kap. 2).

2) Expressive Behandlungstechniken

Es handelt sich hierbei um die Deutungstechniken der Psychoanalyse. Sie bereiten den Patienten darauf vor, seine Gedanken und Gefühle auszudrücken, und helfen dem Therapeuten und dem Patienten, zuzuhören und sich weitere Gedanken zu machen. Das errungene Verständnis ist die Schiene für die notwendigen Veränderungen. Die geäußerten Gedanken und Gefühle können allmählich deutlich machen, auf welche Weise sich der Patient selbst einen Schaden zufügt und in welche Richtung sich die Veränderung entwickeln kann. Es wird dabei angenommen, daß der Patient sein Erleben und Verhalten besser verstehen und damit kontrollieren kann, wenn er mehr darüber weiß, was er erlebt und tut (diese Annahme beinhaltet die Vorstellung, daß unbewußte Faktoren für Verhalten determinierend sind). Die entscheidenden Aufschlüsse darüber, was der Patient tut, lassen sich aus dem Wiedererleben der wesentlichen frühen Beziehungsprobleme in der Beziehung zum Therapeuten, also in der Übertragung gewinnen.

In der klassischen Psychoanalyse sollten solche deutenden Behandlungstechniken eigentlich ständig eingesetzt werden, besonders bei der Analyse der aufeinanderfolgenden Ebenen der Übertragung, die in der Behandlung gefördert werden. Für viele Patienten in analytischer Psychotherapie entspricht die Anwendung der Deutungstechniken dem Vorgehen in der klassischen Analyse. Für einige Patienten in analytischer Psychotherapie jedoch, deren Fähigkeit zur Nutzung der deutenden und verstehensorientierten Behandlungstechniken begrenzt ist, werden diese eher selten angewandt und supportive Behandlungstechniken bevorzugt.

3) Supportive Gesichtspunkte

Der Begriff „supportiv" bezieht sich auf jene Aspekte der analytischen Psychotherapie, die sich, bezogen auf die Behandlung und auf die Beziehung zum Therapeuten, im Erleben des Patienten als hilfreich erweisen. Diese supportiven Aspekte sind nicht in erster Linie auf die Förderung des Verstehens ausgerichtet. Die meisten ergeben sich aus der Struktur der Behandlung, z.B. aus regelmäßigen Sitzungsterminen, dem Bemühen um die Herausarbeitung der Behandlungsziele des Patienten und aus der Tatsache, daß der Therapeut und der Patient gemeinsam auf die Erreichung dieser Ziele hinarbeiten. Einige gängige positive Übertragungserwartungen tragen gleichfalls zu dem supportiven Behandlungsaspekt bei. Solche supportiven Aspekte in der analytischen Psychotherapie wie auch in anderen Psychotherapieformen und selbst in der klassischen Psychoanalyse (die von Patienten als sehr supportiv erlebt werden kann und auch erlebt wird) können als Teil der unspezifischen kurativen Faktoren aufgefaßt werden.

Zusätzlich zu den immanenten supportiven Aspekten sind in der analytischen Psychotherapie ausdrücklich Hilfsmittel vorgesehen, welche die supportiven Bedingungen bei einigen Patienten zu bestimmten Zeitpunkten verbessern sollen (Kap. 5). Der gezielte und flexible Einsatz solcher Hilfsmittel findet viele Befürworter unter den Anhängern der Philosophie der analytischen Psychotherapie; allerdings geschieht dies nicht ohne Gefahren. Eine wesentliche Gefahr ist darin zu sehen, daß die Einstellung auf solche Hilfsmittel die Bedeutung von angemessenen deutenden und verstehensorientierten Behandlungstechniken verringern und damit die Entwicklungsmöglichkeiten des Patienten beschränken könnte.

4) Die Erteilung von Ratschlägen wird vermieden

Dies ist eine anerkannte und bewährte Regel in der analytischen Psychotherapie (Bibring 1954). Auch in der Praxis werden im Vergleich zu anderen Psychotherapieformen in der analytischen Psychotherapie relativ selten Ratschläge erteilt (vgl. auch Kap. 3).

5) Therapeut und Patient sitzen einander gegenüber

Dies ist in der analytischen Psychotherapie immer der Fall. Nur in der klassischen Psychoanalyse wird die Couch verwendet, wobei der Analytiker hinter dem Patienten sitzt; damit sollen das freie Assoziieren gefördert und Ablenkungen des Patienten verhindert werden.

6) Behandlungslänge und Zeitstruktur

Eine analytische Psychotherapie kann entweder als zeitlich festgelegte oder als zeitlich nicht festgelegte Behandlung durchgeführt werden. Der Begriff „zeitlich nicht festgelegt“ wird dem Begriff „zeitlich unbegrenzt“ vorgezogen, weil er anklingen läßt, daß das Behandlungsende im Verlauf der Therapie zwischen Therapeut und Patient gemeinsam verabredet wird; der Begriff „zeitlich unbegrenzt“ legt nahe, daß keine Überlegungen zur Behandlungsdauer angestellt werden und daß es keine Begrenzung gibt. Zeitlich festgelegte Behandlungen erstrecken sich über 6–25 Sitzungen; zeitlich nicht festgelegte Behandlungen können sich über einige Monate bis hin zu mehreren Jahren erstrecken.

7) Zahl der Sitzungen pro Woche

Üblicherweise finden 1 oder 2 Therapiesitzungen in der Woche statt. In der klassischen Psychoanalyse sind es fast immer 4 oder 5 Sitzungen.

Wegweiser durch das Buch

Das Buch besteht aus 2 Teilen und einem Anhang. Teil I legt Gründe und Zielsetzungen für Therapiemanuale dar; die Art der Therapie und ihre Beziehung zur Theorie wird dargestellt; die Vorbereitung des Patienten auf die Behandlung sowie die Auswahl von Patienten und Therapeuten werden diskutiert.

In Teil II werden die Grundlagen und Prinzipien der analytischen Psychotherapie in Manualform dargestellt und anhand klinischer Beispiele erläutert.

Im Anhang wird die Methode des zentralen Beziehungskonfliktthemas (ZBKT) näher erläutert und an einem längeren Verbatimprotokoll aus einer Therapiesitzung verdeutlicht. Die Kapitel zu den einzelnen Schritten in der analytischen Psychotherapie entsprechen annähernd der Verlaufsstruktur der Behandlung:

1) Der Patient wird vor Beginn der Behandlung auf die Psychotherapie vorbereitet (Kap. 3).
2) In den ersten Therapiesitzungen werden die Zielsetzungen verabredet und Vereinbarungen über den Ablauf der Behandlung getroffen; eine vertrauensvolle und tragfähige therapeutische Beziehung beginnt sich zu entwickeln, und die Formulierung der wesentlichen Beziehungsprobleme wird begonnen (Kap. 4).
3) Der supportive Gesichtspunkt wird in der therapeutischen Beziehung beachtet und ggf. zusätzlich gefördert (Kap. 5).
4) Der expressive Gesichtspunkt, der auf ein Verstehen der Symptomatik und der mit ihr verbundenen Beziehungsprobleme abzielt, wird in angemessener Weise verfolgt (Kap. 6 und 7).

5) In der Beendigungsphase der Behandlung stehen Verfahren im Mittelpunkt, welche die erzielten Behandlungsfortschritte nachhaltig sichern sollen (Kap. 8).

Es ist im allgemeinen schwierig, die einzelnen Schritte der analytischen Psychotherapie vorauszuplanen. Wie Freud (1913a) im Zusammenhang mit dem Vergleich zwischen Schachspiel und Psychotherapie betonte, kennen wir nur einige Eröffnungs- und Endspielzüge; für das breite und komplexe Mittelspiel verfügen wir nur über intuitiv zu handhabende Strategien. Deshalb kann allein das „eifrige Studium von Partien, in denen Meister miteinander gekämpft haben, (...) die Lücke in der Unterweisung ausfüllen" (Freud 1913a, S. 454). Im Manual werden nicht nur die Anfangs- und Abschlußschritte, sondern auch einige der dazwischenliegenden Vorgehensweisen näher erläutert. Die genannten 5 Schritte und ihre weiteren Unterteilungen sollen den Behandlungsprozeß so weit wie möglich strukturieren. Allerdings muß man immer im Auge behalten, daß es nicht in erster Linie darauf ankommt, diese Struktur einzuhalten. Obwohl also die Behandlungstechniken der analytischen Psychotherapie einem logischen Ablauf folgen, ist dieser keineswegs starr. Es ist vielmehr von größerer Bedeutung, daß der Therapeut und der Patient sich gemeinsam um die Erreichung der Behandlungsziele bemühen.

2 Die psychoanalytische Theorie der Veränderung

Die analytische Psychotherapie, wie sie in Kap. 1 umrissen wurde, leitet sich aus der psychoanalytischen Theorie der Veränderung ab. Da sich dieses Kapitel auf die Aspekte der Theorie konzentriert, bei denen der größte Konsens unter den maßgeblichen Autoren besteht, lautet die Kapitelüberschrift zu Recht „*Die* psychoanalytische Theorie" anstatt „*Eine* psychoanalytische Theorie". Einige Veröffentlichungen, die für Darstellung ihrer Ursprünge besonders ergiebig waren, seien hier genannt: Bibring (1954); Fenichel (1941); Freud (1911, 1912a, b, 1913a, 1914, 1915); Luborsky und Schimek (1964); Menninger u. Holzman (1973); Stone (1951).

Wie jede andere psychotherapeutische Theorie der Veränderung muß auch die psychoanalytische Theorie der Veränderung 2 umfassende Fragen beantworten:
- Was verändert sich?
- Wie kommt die Veränderung zustande?

Die Antworten machen die psychoanalytische Theorie der Veränderung aus; einige der grundlegenden Voraussetzungen für eine solche Veränderungstheorie lauten:

1) Die theoretischen Überlegungen befassen sich nicht mit den physischen Verhaltensdeterminanten, sondern mit ihren psychologischen Repräsentationen im Erleben, also mit Gefühlen, Gedanken, Wahrnehmungen und Erinnerungen.

2) Die Theorie beruht auf einem breiten Verständnis des Seelenlebens, welches sich nicht auf das bewußte Erleben beschränkt, da dieses nach Freud (1915) nur einen begrenzten und schwankenden Ausschnitt darstellt.

Frage 1: Was verändert sich?

Die nächsten 3 Voraussetzungen stecken den Rahmen ab, in dem sich Veränderungen darstellen lassen:

3) Die Theorie bezieht sich sowohl auf Veränderung als auch auf Stabilität des Verhaltens, das als Ergebnis der Interaktion psychischer, körperlicher, biologischer und kultureller Faktoren, also als mehrfach determiniert angesehen wird. Diese Interaktion ist in der individuellen Person erlebnismäßig repräsentiert; in diesen Repräsentanzen vollziehen sich die Veränderungen, und sie bilden gleichzeitig die intervenierende Variable zwischen äußeren Einflüssen und Verhaltensänderungen. In

allgemeinen und spezifischen Verbesserungen der Hauptsymptome zeigen sich die offenkundigsten Veränderungen der Persönlichkeit; am ehesten werden sich jene Symptome verändern, die mit den Behandlungszielen in Verbindung stehen.

4) Innerhalb der Persönlichkeit müssen sich Veränderungen in bezug auf die psychischen Konflikte vollziehen.

5) In der Therapie drücken sich diese Konflikte als Beziehungsprobleme aus und sind insofern am ehesten zugänglich und therapeutisch zu nutzen; diese Beziehungsprobleme sind unmittelbar mit den Beschwerden des Patienten verbunden und bedürfen somit einer Veränderung. Die Konflikte, die sich in den zentralen Beziehungskonfliktmustern ausdrücken, strukturieren die Übertragungsbeziehung vor; wie ein Thema mit Variationen prägen sie Beziehungen immer wieder aufs neue. Freud (1912a) hat diese Beziehungs- und Übertragungsstrukturierungen als „Klischees" bezeichnet, weil sich manche ihrer Komponenten trotz der selbstschädigenden Auswirkungen in beinahe identischer Weise ständig wiederholen. Die Behandlungsziele des Patienten enthalten die Vorstellung, einige dieser Beziehungsaspekte zu verändern.

Fallbeispiel: Frau C. K.

Eines der ursprünglichen Ziele für Frau C. K. vor Beginn der Behandlung drückte sich in ihrer zentralen Schwierigkeit aus: „Ich kann keine Beziehung zu einem Mann aufnehmen." In den ersten Therapiesitzungen konnte ihr vorherrschendes Beziehungsmuster als zentrales Beziehungskonfliktthema (ZBKT) formuliert werden: „Ich möchte mich in Beziehungen öffnen können, aber ich habe Angst davor, zurückgewiesen und abgelehnt zu werden." Zu Beginn der Therapie wollte die Patientin v. a. die negativen Konsequenzen ihres Wunsches ändern, so daß sie in der Lage sein würde, „sich zu öffnen", ohne eine Zurückweisung zu erfahren, und somit eine „Beziehung zu einem Mann" einzugehen.

Eine zusätzliche Annahme verdeutlicht einen weiteren Aspekt der Begrenztheit des Bewußtseins:

6) Sich eines Sachverhalts nicht bewußt zu sein, ist nicht nur ein passiver Zustand, sondern wird durch einen Widerstand gegen das Bewußtwerden aktiv immer wieder neu erzeugt. Folglich genügt es auch nicht, dem Patienten den ihm unbewußten Sachverhalt zu benennen, um die Lücke in seinem Bewußtsein zu überbrücken; er wehrt nämlich die Kenntnisnahme bestimmter Komponenten seines zentralen Beziehungskonfliktthemas und der damit verbundenen Themen ab, weil sonst schmerzliche Gefühle erregt würden.

Obwohl sich Frau C. K. der wesentlichen Komponenten ihres zentralen Beziehungskonfliktthemas oft bewußt war, wußte sie dennoch nicht, *wie zentral* dieses Thema für die Gestaltung ihrer Beziehungen war. Nur gelegentlich, und auch dann nur teilweise, erkannte sie die Ähnlichkeit zwischen ihrer Schwierigkeit, sich in Beziehungen zu öffnen, und dem entsprechenden Problem ihrer Mutter. Das hiermit verbundene Beziehungsthema, nämlich ihre Erwartung, von ihrem Vater verletzt zu werden als Folge ihres Impulses, sich Männern (einschließlich ihres Vaters) gegenüber zu öffnen, konnte sie nicht wahrnehmen. Dieses fehlende Bewußtsein hätte ihr auch nicht durch entsprechende Aufklärungen vermittelt werden können, wenn sie diese Problematik nicht in der Therapie durchgearbeitet hätte.

In der psychoanalytischen Theorie wird häufig das Konzept des innerseelischen Konflikts benutzt. Was steht jedoch im Widerspruch womit? Wie das Beispiel von Frau C. K. (sowie der anderen Patienten, deren Probleme weiter unten in diesem Kapitel erörtert werden) nahelegt, läßt sich in der Struktur der konflikthaften Beziehungsmuster folgende Gliederung beobachten:

7) Das zentrale Beziehungskonfliktthema setzt sich aus 2 Klassen von Komponenten zusammen, die oft zueinander im Widerspruch stehen:

Klasse A: ein Wunsch, ein Bedürfnis oder eine Absicht. Diese werden von psychoanalytischen Theoretikern gewöhnlich als Derivate von Es-Impulsen bezeichnet. (Bei Frau C. K. geht es um den Wunsch: „Ich möchte mich in Beziehungen öffnen.")

Klasse B: eine Kontrollfunktion mit Zugang zu Informationen über die inneren und äußeren Bedingungen, die für die Äußerung und die mögliche Befriedigung des Wunsches, des Bedürfnisses oder der Absicht von Bedeutung sein könnten. Psychoanalytische Theoretiker betrachten diese Kontrollfunktion als eine wesentliche Eigenschaft des Ich und seines Abkömmlings, des Über-Ich. Diese Kontrollfunktion bestimmt die Reaktion der Person auf ihren Wunsch, ihr Bedürfnis oder ihre Absicht. Diese Reaktionen werden in diesem Schema unterteilt nach den Reaktionen des Objekts *(RO)* und den Reaktionen der Person selbst *(RS)*. (Bei Frau C. K. lautet *RO*: „Ich werde zurückgewiesen." und *RS*: „Ich ziehe mich dann zurück.")

Diese 2 Klassen von Komponenten, die oft im Konflikt miteinander stehen, sind deshalb für die Beschreibung von Veränderungen geeignet, die sich durch psychoanalytisch orientierte Psychotherapien ergeben. Forschungsbefunde erlauben bereits folgende Schlußfolgerungen: 1) Das zentrale Beziehungskonfliktthema bleibt in der Regel zum Zeitpunkt des Behandlungsendes und auch danach erkennbar, selbst bei Patienten mit erheblicher allgemeiner und spezifischer Besserung (Luborsky 1977, Pfeffer 1959). 2) Einige Änderungen im zentralen Beziehungskonfliktthema treten aber doch auf; diese Änderungen liegen gewöhnlich jedoch im Bereich der Reaktionen und Konsequenzen, während sich die Komponente des Wunsches, des Bedürfnisses oder der Absicht relativ wenig ändert (Levine u. Luborsky 1981). Die Veränderungen, die sich bei gebesserten Patienten einstellen, umfassen folgende Aspekte: ein besseres Verständnis der zentralen Beziehungskonfliktmuster; eine verbesserte Bewältigung mancher ihrer Komponenten; einige Komponenten werden fallengelassen oder hinzugefügt. Diese Änderungen im Verständnis könnten von psychoanalytischen Theoretikern als „Aufhebung der Verdrängung" bezeichnet oder durch eine Metapher beschrieben werden, die sowohl Veränderungen im Verständnis als auch in der Bewältigung nahelegt: „Wo Es war, soll Ich werden" (Freud 1932).

Worin besteht denn aber nun die verbesserte Fähigkeit zur Bewältigung? Eine solche verbesserte Fähigkeit beinhaltet ja immerhin, daß das ursprüngliche zentrale

Beziehungskonfliktthema zum Zeitpunkt des Behandlungsendes und danach erkennbar bleibt, selbst bei gebesserten Patienten. Eine Antwort kann in Form einer Raumvorstellung gegeben werden: Der Patient hat hinsichtlich des Leiden schaffenden Beziehungsthemas eine andere Position eingenommen. Ein Karikaturist hat im *New Yorker* für eine solche Positionsveränderung eine Darstellung gefunden, welche der Bedeutung einer verbesserten Bewältigung in der Psychotherapie weitgehend gerecht werden dürfte. Das 1. Bild zeigt einen Mann, der zu einer Psychotherapiesitzung sehr mühsam mit dem Fahrrad fährt, weil ein auf seiner Schulter hockender Affe die Anstrengung noch vermehrt. Das 2. Bild zeigt den Mann nach der Psychotherapiesitzung, wie er auf seinem Fahrrad wegfährt; der Affe ist immer noch da, fährt aber auf seinem eigenen Fahrrad neben ihm her; er ist nicht mehr so lästig, und der Mann hat ihn im Blick.

8) Die Veränderungen in der Bewältigung bedeuten mehr als nur die Bearbeitung der Leiden schaffenden Beziehungsprobleme innerhalb des zentralen Beziehungskonfliktthemas, wie etwa die Änderung von erwarteten negativen Konsequenzen hin zur Erwartung von positiven Konsequenzen. Sind erst einmal solche Änderungen erreicht, dann können sich weitergehende Möglichkeiten für die befriedigendere Gestaltung zwischenmenschlicher Beziehungen eröffnen. Es kann somit angenommen werden, daß solche Veränderungen zu einem höheren seelischen Organisationsniveau, d.h. auch zu einem höheren Entwicklungsniveau geführt haben (Greenspan 1981 a, b; Greenspan u. Polk 1980).

Frage 2: Wie kommt die Veränderung zustande?

Die Behandlungstechniken leiten sich allgemein logisch, wenn auch nicht völlig stringent, aus der Theorie der psychotherapeutischen Veränderung ab. Drei wesentliche kurative Faktoren werden weiter unten in der Reihenfolge ihrer theoretischen und praktischen Bedeutung aufgeführt und unter theoretischen Gesichtspunkten diskutiert. Obwohl die Veränderungstheorie bekanntlich sehr komplex ist, lassen sich viele einzelne Theorieaspekte um diese 3 Hauptfaktoren gruppieren.

Kurative Faktoren

Der *1. Faktor*, Selbsterfahrung und Selbstverständnis, wird durch expressive Behandlungstechniken verwirklicht. In den klinischen psychoanalytischen Schriften wird dieser Faktor als der bedeutendste angesehen. Der *2. Faktor*, die hilfreiche Beziehung, wird durch supportive Behandlungstechniken erreicht in Verbindung mit der Fähigkeit und Bereitschaft des Patienten, die therapeutische Beziehung als hilfreich zu erleben. Der *3. Faktor*, die Nachhaltigkeit der Behandlungsfortschritte, wird dadurch gefördert, daß auf die Bedeutungen der Therapiebeendigung geachtet wird. Da sowohl der Patient als auch der Therapeut seinen eigenen Beitrag zu jedem dieser 3 Faktoren leistet, kommt jedem Faktor ein Patienten- und ein Therapeutenanteil zu.

1) Selbsterfahrung und Selbstverständnis

Patientenanteil: Die Beteiligung des Patienten an dem Prozeß, ein Verständnis seiner selbst zu erreichen.

Die Theorie der psychotherapeutischen Veränderung betont, daß die entscheidende Vorbedingung für eine Besserung des Patienten in der Zunahme des Verständnisses seiner selbst liegt. Im Mittelpunkt eines solchen Verständnisses stehen gewöhnlich die aktuellen Symptome und die damit verbundenen Beziehungsprobleme. Das Wiedererleben der konflikthaften Beziehungsprobleme im „Hier und Jetzt" der Beziehung zum Therapeuten verhilft dem Patienten zur bedeutungsvollen Einsicht und ermöglicht einen größeren Freiraum für Veränderungen. Frühere Beziehungen gewinnen an neuer Bedeutung, wenn eine Verbindung zu gegenwärtigen Beziehungen hergestellt werden kann. Wenn der Therapeut die Wichtigkeit der Gegenwart in den Blick nimmt, kann er sicherstellen, daß die Einsicht emotional bedeutungsvoll und nicht nur ein intellektuelles Spiel wird.

Die Einsicht wird für den Patienten nach und nach in dem Maße immer wichtiger, in dem die Neuauflagen der Probleme in der Beziehung zum Therapeuten und zu anderen Beziehungspersonen wiederholt durchgearbeitet werden. So beschrieb Freud (1914) als eine Hauptaufgabe des Patienten, konflikthafte Beziehungsprobleme zu erinnern und in der Beziehung zum Therapeuten zu wiederholen. Die Wiederholung kann in diesem Zusammenhang als Versuch aufgefaßt werden, eine Lösung der Probleme zu finden (Mayman 1978). Die Wiederholung kann ebenso den unbewußten Plan des Patienten ausdrücken, die Beziehungsprobleme wiederzubeleben und dadurch zu überwinden, daß die gegenwärtige Beziehung zum Therapeuten daraufhin geprüft wird, ob sie den früheren Beziehungsproblemen entspricht (Weiss u. Sampson 1984).

Das Durcharbeiten der Beziehungsprobleme nach dem Erinnern und Wiederholen verhilft dem Patienten zu günstigeren Bewältigungsmöglichkeiten und Lösungen. Solche Therapiefortschritte stellen sich in zweierlei Veränderungen dar. Einmal wird der Patient nun eher in der Lage sein, manche Aspekte seiner Beziehungsprobleme toleranter und weniger einseitig zu betrachten; die klassische Theorie stellt solche Veränderungen in den Zusammenhang mit der Aufhebung von Verdrängungen. Zum anderen wird der Patient auf der Ebene seiner Handlungen nun geeignetere adaptive Verhaltensweisen finden, selbst wenn die Komponenten der früheren Beziehungsmuster noch immer erkennbar sind, d.h. als Übertragungsstrukturierung wirksam bleiben.

Therapeutenanteil: Die Fähigkeit des Therapeuten, den Patienten in seiner Beteiligung am Prozeß des Verstehens seiner selbst zu fördern.

Dieses Manual ist eine Art Do-it-yourself-Anleitung: Wie der Therapeut dem Patienten helfen kann, es selbst zu tun. Aufgabe des Therapeuten ist es, die Fähigkeit des Patienten zu fördern, ein Verständnis seiner selbst zu erringen. Ein solches Verstehen bezieht sich auf Einzelheiten der gegenwärtigen Beziehungsprobleme unter Berücksichtigung früherer Beziehungsprobleme. Der psychoanalytisch orientierte Therapeut geht davon aus, daß die gegenwärtigen Beziehungsprobleme des Patienten die Übertragung mitstrukturieren. Folglich hat der Therapeut die Aufgabe, den Patienten an der Durcharbeitung der aufeinanderfolgenden Auflagen seiner Beziehungsprobleme, wie sie sich in der Übertragung manifestieren, zu beteiligen. In dieser Darstellung der Theorie der Behandlungstechnik ist das Konzept des Widerstands enthalten. Der Widerstand des Patienten wird als zwischenmenschliches Verhalten angesehen, mit dem er sich den Therapiebemühungen widersetzt. Widerstandsverhalten zeigt sich somit in der Übertragung, so daß die Deutung der Übertragung gleichzeitig eine Deutung des Widerstands ist, wie Gill (1982) schlüssig folgert.

Die expressive (deutende und verstehende) Arbeit des Therapeuten, an der der Patient ebenso beteiligt ist, vollzieht sich in diesem Manual in 4 Phasen. *Phase 1:* Zuhören. Der Therapeut hört mit großer Offenheit an, was der Patient sagt. *Phase 2:* Verstehen. Während des Zuhörens erwirbt der Therapeut ein weitergehendes Verständnis der Hauptsymptome des Patienten und der Quellen seines Leidens sowie des Themas der mit diesen verbundenen Beziehungsprobleme. *Phase 3:* Deutung. Der Therapeut teilt dem Patienten sein Verständnis mit, wobei er taktvoll einen günstigen Zeitpunkt wählt, die Aufnahmefähigkeit des Patienten berücksichtigt und insgesamt den Prozeß des Durcharbeitens zu fördern sucht. Schließlich Phase 1': Erneutes Zuhören. Hierbei berücksichtigt der Therapeut die Reaktion des Patienten auf die vorangegangene Deutung. Die letzte Phase beinhaltet ein interaktives Feedbacksystem zwischen dem Patienten und dem Therapeuten. Nachdem der Therapeut die zentralen Probleme in den Beziehungskonflikten des Patienten hinreichend verstanden und ihm daraus einen Aspekt gedeutet hat, verhilft ihm die Reaktion des Patienten zu einem weitergehenden Verständnis, welches er in seine nächste Deutung einbezieht, usw. Auf diese Weise helfen sich Patient und Therapeut gegenseitig weiter.

2) Die hilfreiche Beziehung

Patientenanteil: Die Fähigkeit des Patienten, die Beziehung zum Therapeuten als hilfreich zu erleben.

Das Konzept der hilfreichen Beziehung hat eine lange Geschichte und geht auf eine bestimmte Sicht der Übertragung durch Freud (1912 a) zurück. Er hat 2 Arten von zwischenmenschlicher Bindung unterschieden: eine Art von Bindung fördert die gemeinsame therapeutische Arbeit, die andere behindert sie. Derjenige Aspekt der Bindung, der die Zusammenarbeit fördert, ist durch die „bewußten“, „unanstößigen“, positiven Gefühle des Patienten dem Therapeuten gegenüber gekennzeichnet. Diese Art der Bindung bildet die Grundlage für das Erleben der hilfreichen Beziehung und entspricht dem ersten von den 2 Typen der hilfreichen Beziehung, die von Luborsky

(1976) beschrieben wurden: unter *Typus 1* erlebt der Patient den Therapeuten so, daß dieser die benötigte Hilfestellung gewährt oder dazu in der Lage ist; unter *Typus 2* erlebt der Patient die Therapie als einen Prozeß, in dem er gemeinsam mit dem Therapeuten auf die Behandlungsziele hinarbeitet. In neueren klinischen Schriften (z.B. Greenson 1973) wird bei der Verwendung dieses Konzepts eher auf den Typus 2 Bezug genommen.

Therapeutenanteil: Die Fähigkeit des Therapeuten, inwieweit er dem Patienten ermöglicht, die Beziehung zum Therapeuten und die Behandlung als hilfreich zu erleben.

Der Therapeut kann die hilfreiche Beziehung im wesentlichen in dreierlei Weise fördern: 1) Die äußeren Verabredungen in der analytischen Psychotherapie, ebenso wie in allen anderen Psychotherapiearten, enthalten in sich supportive Aspekte. Hierzu zählen die regelmäßigen Sitzungstermine sowie die stillschweigende oder erklärte Bereitschaft des Therapeuten, dem Patienten beim Erreichen seiner Behandlungsziele behilflich zu sein, die sich auch schon darin äußert, daß der Therapeut die Behandlung mit dem Patienten aufnimmt. 2) Das Bemühen des Therapeuten um ein einfühlendes Verstehen wirkt sich zusätzlich günstig auf die Entwicklung einer hilfreichen Beziehung aus (Freud 1913). 3) Ferner kann der Therapeut der Vorstellung des Patienten von einem hilfreichen Mitmenschen entsprechen, dem er Vertrauen schenken kann, der verläßlich erscheint, und der geliebt werden kann (dies zeigt sich beispielsweise bei Frau E. S. schon in der 1. Sitzung, in der sie an dem Therapeuten Ähnlichkeiten mit ihrem Geliebten feststellte, den sie aber nicht mehr sehen wollte, weil er verheiratet war.)

Trotzdem wird es bisweilen, v.a. bei bestimmten Patienten (Kap. 5) notwendig sein, daß der Therapeut die hilfreiche Beziehung darüber hinaus durch zusätzliche Behandlungstechniken, wie sie in diesem Manual vorgelegt werden, sichert. Solche Behandlungstechniken sind nach Wallerstein u. Robbins (1956) und Schlesinger (1969) bei relativ gesunden Patienten notwendig, die vorübergehend besonders belastenden Problemen oder Ängsten ausgesetzt sind, oder bei schwerer gestörten Patienten mit erniedrigter Angsttoleranz und Impulskontrolle, die eine Stärkung der Abwehr benötigen (Gill 1951).

3) Nachhaltigkeit der Behandlungsfortschritte

Patientenanteil: Die Fähigkeit des Patienten, die Fortschritte der Behandlung nach ihrer Beendigung zu internalisieren und somit nachhaltig aufrechtzuerhalten.

Rückfälle nach dem Ende der Therapie sind ein Problem in jeder Psychotherapieart (Atthowe 1973). Psychoanalytisch orientierte Therapeuten verfügen über Konzepte, mit denen der Rückgang oder die Beibehaltung der Behandlungsfortschritte erklärt werden kann. Ein sehr nützliches Konzept hierfür ist die Internalisierung; hierunter wird der Prozeß verstanden, in dem sich der Patient das Bild des Therapeuten als hilfreiche Person zu eigen macht und dabei herausfindet, wie er die Fülle der Problemlösungsansätze des Therapeuten selbst einsetzen kann; dadurch kann er die Fortschritte, die im Laufe der Therapie erarbeitet wurden, aufrechterhalten.

Die Internalisierung hat im Laufe der Entwicklung der meisten Menschen eine natürliche Funktion, die so natürlich ist, daß wir sie für selbstverständlich hinnehmen (Ekstein 1969); wir nehmen sie gewöhnlich erst dann zur Kenntnis, wenn sie fehlt. Deutlich wird dies am Beispiel des gegensätzlichen Verhaltens zweier Jungen, die zum Rand des Schwimmbeckens laufen, um hineinzuspringen. Der eine Junge springt ohne zu zögern hinein, der andere wagt es nicht. Er fragt den ersten Jungen, wie er es fertig gebracht hat. Dieser antwortet: „Meine Eltern haben gesagt, daß es so geht, und ich habe auch andere hineinspringen sehen. Also kann ich mir selbst sagen, daß es so geht. Das Wasser ist da und wird mich tragen:" Der zweite Junge sagt: „Mir hat man das auch gesagt, doch ich kann es nicht recht glauben. Also traue ich mich nicht zu springen." Der Patient muß sich sagen können, zumindest gegen Ende der Therapie, daß er das Erlernte beibehalten wird, selbst wenn die regelmäßigen Psychotherapiesitzungen vorüber sind; das Erworbene und die Erfahrung der hilfreichen Beziehung werden lebendig bleiben.

In der Regel trägt das Durcharbeiten der Bedeutungen des Behandlungsendes zur Nachhaltigkeit der Behandlungsfortschritte bei. Bisweilen ist dies allerdings nicht der Fall, wie in dem folgenden Beispiel: Unter den Patienten des Penn-Psychotherapieprojekts (Luborsky et al. 1980) gab es einen mit einer ungewöhnlich unterentwickelten Fähigkeit zu internalisieren (Herr B. N. wird im Anhang näher beschrieben). Er war insgesamt 3mal in Psychotherapie, zuletzt im Rahmen der genannten Untersuchung. In jeder Therapie erzielte er beeindruckende Fortschritte, die allerdings binnen eines Jahres nach Behandlungsende entscheidend zurückgingen. Er hatte die Schwierigkeit, eine internalisierte Repräsentanz des Therapeuten auszubilden; ferner wies er weitere Merkmale auf, die gewöhnlich als Borderlinemerkmale (Kernberg 1975) bezeichnet werden. Er war wie der Junge, der nicht ins Wasser springen konnte, unfähig zu glauben, daß er schwimmen kann, sobald er nicht mehr den Therapeuten aufsucht.

Therapeutenanteil: Die Fähigkeit des Therapeuten, mit dem Patienten die Bedeutung der Behandlungsbeendigung so durchzuarbeiten, daß dieser die Behandlungsfortschritte aufrechterhalten kann.

Die therapeutische Aufgabe, dem Patienten beim Durcharbeiten der Bedeutung des Behandlungsendes behilflich zu sein, wird in der analytischen Psychotherapie (Freud 1937) als entscheidend angesehen; dies gilt auch für einige andere Therapiearten, beispielsweise bei Janis (1982). In Kap. 8 werden verschiedene Möglichkeiten beschrieben, diesen kurativen Faktor zu verwirklichen; besonders das Wiederauftreten von Symptomen wird hierbei als spezifische Bedeutung des Behandlungsendes aufgefaßt. Ferner kann der Patient Nutzen daraus ziehen, wenn der Therapeut ihm dabei hilft, verschiedenartige Gefühle hinsichtlich der bevorstehenden Trennung zu unterscheiden. Häufig entstehen in der Beendigungsphase 2 zu unterscheidende Gefühlsregungen: eine natürliche Traurigkeit darüber, daß die Begegnung mit einem Menschen, der hilfreich gewesen ist und zu dem sich eine enge Bindung entwickelt hat, nun zu

Ende geht, andererseits die Sorge, jemanden zu verlieren, auf den man sich angewiesen fühlt, weil die Behandlungsfortschritte ohne den ständigen Kontakt verloren zu gehen drohen. Der Patient kann diese Sorge unmittelbar und/oder über das Wiederauftreten von Symptomen ausdrücken, die bereits überwunden waren, ehe die beunruhigenden Bedeutungen des Behandlungsendes recht empfunden wurden. Wie auch immer der Patient seine Besorgnis mitteilt, der Therapeut kann sie etwa mit folgender Bemerkung anerkennen: „Sie glauben, daß die Fortschritte, die Sie in der Therapie gemacht haben, nicht ein Teil von Ihnen geworden sind, sondern von meiner Gegenwart abhängen. Sie befürchten, daß Ihnen die Behandlungsfortschritte wieder verlorengehen könnten, sobald wir unsere regelmäßigen Therapiesitzungen beendet haben, und daß die anfänglichen Symptome wiederkehren, was sich in der Vorwegnahme des Behandlungsendes ja bereits angedeutet hat." Eine solche Bemerkung des Therapeuten kann geeignet sein, die Besorgnis des Patienten zu mildern und die Wiederbelebung der Symptome zu verringern, so daß die Behandlungsfortschritte erneut deutlicher hervortreten.

Die Wirksamkeit der kurativen Faktoren 1 und 2 im Vergleich: Selbsterfahrung und Selbstverständnis versus hilfreiche Beziehung

In seinem Streben nach einem umfassenden Verstehen muß sich der Therapeut bewußt sein, daß ein solches Verstehen dem Patienten nur in einer ausreichend supportiven Beziehung von Nutzen sein kann. Diese Mahnung soll nicht den Glauben des Therapeuten an die Wirksamkeit des Verstehens mindern; unter günstigen Umständen vermag das Verstehen durchaus allein dem Patienten zu einer besseren Lösung seiner pathogenen Konflikte zu verhelfen. Darüber hinaus kann das erfolgreiche Streben nach Verstehen zusätzlich die supportive Beziehung stärken, indem hierdurch in der gemeinsamen Arbeit von Patient und Therapeut eine sinnvolle Ordnung geschaffen wird.

Obwohl diese beiden kurativen Faktoren Hand in Hand einander zuarbeiten, muß, bei isolierter Betrachtung zum Zwecke des Vergleichs, die Beziehung als der einflußreichere Faktor angesehen werden. Aus historischer Sicht kann diese Gewichtung nicht überraschen. Seit Jahrhunderten ist bekannt, daß die Beziehung zu einem hilfreichen Menschen heilsam sein kann; und daß der Verlust eines solchen Menschen seelische und körperliche Erkrankungen auslösen kann, ist ebenfalls bekannt (Schmale 1958).

Die kurative Wirksamkeit der Behandlungsfaktoren im Vergleich zu anderen Faktoren

Unter einem noch weiteren Horizont werden die Grenzen der genannten Behandlungsfaktoren und ihre Verschränkung mit anderen Einflußgrößen offenkundig. Selbst wenn ein erfahrener Therapeut die Behandlungsempfehlungen der analytischen Psychotherapie einwandfrei befolgt, stellen sich die angestrebten Besserungen natürlich nicht bei allen Patienten ein, da die genannten Behandlungsfaktoren nur eine spezifische Klasse von allgemeinen veränderungswirksamen Faktoren darstellen. Bei all ihrer Wichtigkeit erscheinen sie für den Erfolg der Psychotherapie im allgemeinen weniger entscheidend zu sein als die Patientenfaktoren (Luborsky et al., im Druck). Einer der Patientenfaktoren ist hierbei offenbar von besonderer Bedeutung: Es handelt sich um das Ausmaß an seelischer Gesundheit bzw. psychiatrischer Gestörtheit des Patienten. Dieser Faktor verläuft quer durch die diagnostischen Kategorien, weil er die Schwere der psychologischen Symptomatik erfaßt, unabhängig von der Art der Störung. An dieser Dimension der Schwere der Symptomatik mag es liegen, wenn ein Patient die Psychotherapie nicht bestmöglich zu nutzen vermag.

In diesem Kapitel wurden 3 Faktoren näher betrachtet: die Behandlung, der Therapeut und der Patient. Ein vierter und naheliegener Faktor wurde vernachlässigt: die Lebenssituation des Patienten. Wenn auch in diesem Buch Einflüsse, die sich aus der Lebenssituation ergeben, wenig berücksichtigt werden, so können diese doch ohne Zweifel gelegentlich zu einem Dreh- und Angelpunkt für den Behandlungserfolg werden. Eine Annahme der Veränderungstheorie lautet, daß sich diese 4 Faktoren nicht unabhängig voneinander auswirken. Die Veränderungen sind abhängig von der Interaktion und Ausgewogenheit dieser Faktoren, wobei die Person des Patienten als intervenierende Variable zwischen den äußeren Einflüssen aus seiner Lebenssituation und seinen persönlichen Veränderungen wirkt.

3 Handhabung des Manuals

Die Empfehlungen zum Erlernen und zur Handhabung des Manuals fußen auf den bewährten Prinzipien des Lernens durch das Tun. Zum „Tun" gehören folgende Punkte:

1) Lies das Manual, behandle Patienten und lies das Manual erneut.
2) Lasse die Behandlungen durch einen Supervisor kontrollieren, der im Laufe der Supervision auf die jeweils wichtigen Teile des Manuals hinweist.
3) Nimm für die Darstellung der Patient-Therapeut-Interaktion in der Supervision Stundenprotokolle, Tonbandaufzeichnungen und Rollenspiele zu Hilfe.
4) Untersuche gemeinsam mit dem Supervisor die Persönlichkeit des Therapeuten, sobald diese an Schwierigkeiten im psychotherapeutischen Prozeß mit beteiligt ist.
5) Achte darauf, daß der Therapeut Erfahrungen als Supervisor machen kann, um auf diese Weise das Erlernte nachhaltig zu festigen und zu sichern.

Aneignung des Manuals

Der Kliniker, der sich um die Aneignung dieses Psychotherapiemanuals bemüht, sei es für Praxis oder für Forschung, sollte die folgenden Lernphasen beachten:

1) Lies das Manual.
2) Behandle einige Patienten und versuche das Manual anzuwenden.
3) Lies das Manual erneut.
4) Behandle weitere Patienten und versuche das Manual anzuwenden.
5) Überprüfe gemeinsam mit einem Therapeutenkollegen oder mit einem Supervisor, inwieweit du dich wirklich an das Manual hältst.
6) Und so weiter, bis ein zufriedenstellender Stand des Wissens und der behandlungstechnischen Fertigkeiten erreicht ist.

Das Abwechseln von Lesen und Praxis verhilft zur intensiven Aneignung des Manuals und seiner wesentlichen Inhalte. Abweichungen vom Manual werden minimiert: Je länger die Lektüre des Manuals zurückliegt, desto häufiger und größer sind gewöhnlich die Abweichungen davon.

Begleitende Supervision

Erlernen läßt sich Psychotherapie am besten in einer Art Lehrlingsverhältnis. Dies ist die übereinstimmende Meinung jener, die sich einer solchen Ausbildung unterzogen haben; mehrere hundert Ärzte, die zwischen 1946 und 1954 in der Menninger Foundation in psychiatrischer Weiterbildung waren, wurden nachträglich mit Hilfe eines Fragebogens daraufhin befragt, welche Ausbildungserfahrungen die spätere Art zu arbeiten am meisten geprägt hätten. Fast völlig übereinstimmend wurde an erster Stelle die Psychotherapiesupervision genannt, mit deutlichem Vorsprung vor den üblichen Vorlesungen und Lehrveranstaltungen, Fallkonferenzen und dem Literaturstudium. In den Auswirkungen auf die spätere Praxis wurde die Supervision als gleichgewichtig mit der eigenen Lehranalyse angesehen.

Doch warum braucht man denn überhaupt ein Manual, um die eigenen Psychotherapiekenntnisse und -fertigkeiten zu verbessern? Der wesentliche Grund ist darin zu sehen, daß es vielen Menschen leichter fällt, sich die Fähigkeiten als Psychotherapeut über die Lektüre einer zusammenfassenden Psychotherapiedarstellung anzueignen, als sich alleine auf die Supervisionserfahrung zu stützen. Dieses Argument ist von vielen Psychotherapeuten, die mit diesem Manual arbeiten, vorgebracht worden.

Und warum ist eine begleitende Supervision bei einem Supervisor, der das Manual sehr genau kennt, hilfreicher als die Lektüre des Manuals alleine? Hierfür gibt es 4 Gründe: 1) Der Supervisor kann das Manual erläutern und weitere Fallbeispiele anführen. 2) Die Beziehung zum Supervisor kann dem Therapeuten dabei helfen, seine Ängste und Unsicherheiten bei der therapeutischen Ausbildung und Arbeit zu verstehen und zu bewältigen (ähnlich wie sich der Therapeut in seinem Verhältnis zum Patienten empfindet). 3) Die Beziehung zwischen Supervisor und Therapeut enthält bisweilen Aspekte aus der Beziehung des Therapeuten zu seinem Patienten. Sich dieser Parallele bewußt zu werden, kann in der Supervision für das Verständnis der Schwierigkeiten des Therapeuten in seinen therapeutischen Beziehungen hilfreich sein; diesen Gesichtspunkt haben Ekstein u. Wallerstein (1958) in dem Standardlehrbuch über Supervisionsmethoden besonders hervorgehoben. 4) Die Supervisionssitzungen bieten eine gute Gelegenheit, die im Manual aufgeführten Behandlungstechniken modellhaft zu erproben.

Vorgehen in der Supervision

Der Therapeut sollte durch den Supervisor mit dem Vorgehen in den Supervisionssitzungen ungefähr folgendermaßen vertraut gemacht werden:

Auswahl von Patienten

„In jeder unserer Sitzungen werden wir höchstens über 2 Patienten sprechen, meist nur über einen einzigen. Diese Begrenzung wird uns helfen, den Patienten sehr gut kennenzulernen. Welche Patienten hier besprochen werden sollen, können Sie frei entscheiden; Sie treffen die Entscheidung nach Ihrem jeweiligen Interesse."

Überblick über die Fallzusammenfassung

„Zur 1. Supervisionssitzung eines jeden Patienten bringen Sie eine schriftliche Zusammenfassung der Fallgeschichte mit, mit einer Kopie für mich; auf diese Weise erhalte ich rasch Aufschluß über den Hintergrund des Patienten und über diagnostische Einzelheiten; in der 1. Sitzung werden wir uns damit besonders ausführlich befassen, im weiteren Verlauf nicht mehr so intensiv."

Überblick über frühere Sitzungen

„Sehr viel an Information, die wir für unsere Fallbesprechungen benötigen, stammt aus den Therapiesitzungen und nicht so sehr aus der Fallzusammenfassung. In jeder Supervisionssitzung werden Sie mit einem kurzen Rückblick auf die Besprechung der Therapie in unserer letzten Sitzung beginnen."

Verwendung von Stundenprotokollen

„Nach dem Sitzungsüberblick werden wir uns mit Ihren Stundenprotokollen beschäftigen; 2 oder 3 Seiten pro Sitzung genügen meist. In der Regel werden wir uns nur mit der letzten Sitzung beschäftigen können. Ein Stundenprotokoll sollte sowohl einige Beispiele von Äußerungen des Patienten als auch solche von Reaktionen und Interventionen Ihrerseits enthalten. Der zeitliche Ablauf sollte erkenntlich sein, damit wir uns in den Fluß der Mitteilungen des Patienten im Laufe der Sitzung einfühlen können.

Neben den Beispielen zu Ihrer Interaktion mit dem Patienten sollte das Protokoll eine Vorstellung vom Gesamtverlauf der Sitzung vermitteln. Das Stundenprotokoll wird gewöhnlich unmittelbar nach dem Ende der Sitzung niedergeschrieben. Manche Therapeuten machen sich schon während der Therapiesitzung Notizen und haben den Eindruck, daß dies ihre Aufmerksamkeit nicht beeinträchtigt; andere empfinden dies als Ablenkung. Sie müssen aufgrund Ihrer Erfahrungen einen eigenen Standpunkt entwickeln."

Austausch der Auffassungen von Supervisor und Therapeut

„Schließlich werden wir uns gemeinsam Gedanken machen über die Mitteilungen des Patienten und Ihre Reaktionen darauf. Das heißt, wir werden in jeder Supervisionssitzung die zurückliegenden Therapiesitzungen anhand Ihrer Stundenprotokolle besprechen und dann ein umfassenderes Verständnis der wesentlichen Mitteilungen des Patienten und Ihrer Interventionen gewinnen."

Tonbandaufnahmen

„Es ist nützlich, einige oder alle Therapiesitzungen mit dem Tonbandgerät aufzuzeichnen, selbst wenn die Aufnahmen nur zum Teil in der Supervision Verwendung finden. Das gelegentliche Anhören kurzer Ausschnitte aus den Tonbandaufnahmen kann die Supervisionsarbeit fördern; das Anhören langer Passagen würde dagegen zu viel Zeit in der Supervision beanspruchen. Schon ganz kurze Ausschnitte reichen oft aus, um einen Eindruck vom affektiven Gehalt der therapeutischen Interaktion zu gewinnen; bei der Besprechung der schriftlichen Stundenprotokolle ist es dann oft hilfreich, auf diesen emotionalen Eindruck von der Sitzung zurückgreifen zu können. Im übrigen sind die üblichen Stundenprotokolle den Tonbandaufnahmen vorzuziehen, weil sie einen rascheren Überblick über die Therapie gestatten."

Rollenspiele

Für den Therapeuten und den Supervisor sind Rollenspiele bisweilen recht hilfreich, und sie finden oft auch ihren Spaß an den mit den szenischen Darstellungen verbundenen Aktionen. Im Rollenspiel können verschiedene Möglichkeiten des Austauschs zwischen Patient und Therapeut durchgespielt werden: Wenn der Therapeut in der Supervisionssitzung anhand seines Stundenprotokolls oder einer kurzen Tonbandaufnahme einen Ausschnitt aus der Therapiesitzung dargestellt hat, können er und der Suupervisor ganz unterschiedliche Formen des Zuhörens, Verstehens und Intervenierens durchspielen und auf die Eignung für das konkrete therapeutische Problem prüfen. Ebenso kann ein direkterer Dialog mit dem Patienten in das Rollenspiel aufgenommen werden, indem Therapeut und Supervisor sich abwechselnd in die Rolle des Patienten bzw. des Therapeuten begeben und verschiedene Varianten der Gesprächsführung ausprobieren. Am hilfreichsten ist ein Rollenspiel in der Regel dann, wenn beide Beteiligten erkennen, daß sich der Therapeut bei der Beschäftigung mit dem Patienten unbehaglich fühlt und/oder eine Problemstellung in der Therapie übersieht. Das Rollenspiel kann dem Therapeuten eine gesteigerte Aufmerksamkeit und Aufnahmebereitschaft für die weitere Entwicklung der Therapie vermitteln und ihn in der Behandlung der Problemstellung, die er bislang nicht verstanden hatte, gelassener und effizienter werden lassen.

Fallbeispiel: Frau T.

Der Therapeut war ganz offensichtlich sehr unsicher, wie er mit den Mitteilungen der Patientin in den letzten Sitzungen umgehen sollte. Bei den Äußerungen der Patientin ging es im wesentlichen um folgendes: „Ich brauche Zuneigung und die Anerkennung meiner Bedürfnisse und Interessen, ganz besonders von Ihnen. Und wenn ich das nicht bekomme, tut es mir sehr weh. Ich gehe dann fort und hole es mir in sexueller Hinsicht, auch wenn es Schmerzen mit sich bringt." Der Therapeut erläuterte in der Supervision die Falle, in der er sich gefangen fühlte, und sprach von seiner Angst, dieses Problem nicht gut handhaben zu können: „Wenn ich ihre Bedürfnisse und Interessen anerkenne, so ich habe das Gefühl, daß die Patientin eine direkte und sie befriedigende Reaktion von mir erwartet, was ich ja nicht erfüllen kann, und das würde sie noch mehr verstören."

Das Rollenspiel begann mit einigen Äußerungen der Patientin und führte schließlich zu verschiedenen Reaktionsmöglichkeiten seitens des Therapeuten. Der Therapeut konnte wieder Zuversicht gewinnen, daß er der Patientin wirklich helfen könnte, etwa mit einer Bemerkung, daß er durchaus verstehe, wonach sie sich bei ihm und bei anderen sehne. Er konnte nun auch sein Verständnis dafür äußern, wie schwer es doch für sie bisher gewesen sei, ihre grundlegenden Wünsche und Sehnsüchte in einer guten Beziehung anerkannt oder gar befriedigt zu finden. Bislang herrschte bei ihr das Gefühl vor, daß sie sich eine solche Erfahrung in einer guten Beziehung nicht erlauben dürfe und daß sie statt dessen ihre Bedürfnisse nur so ausdrücken konnte, daß sie sich schließlich schuldig und verletzt fühlen mußte.

Die Persönlichkeit des Therapeuten als ein Faktor in der Psychotherapieausbildung

Die Fallbesprechung in der Supervision ist gewöhnlich auf die wesentliche Botschaft des Patienten in der Therapiesitzung sowie auf die jeweilige Reaktion des Therapeuten gerichtet. Im allgemeinen ist es dabei nicht erforderlich, die Persönlichkeit des Therapeuten besonders zu berücksichtigen. Manchmal wird allerdings die Beziehung zum Patienten oder zum Supervisor durch spezifische Persönlichkeitscharakteristika des Therapeuten geprägt. Da sich oft Ähnlichkeiten zwischen der Therapeut-Patient-Beziehung und der Supervisor-Therapeut-Beziehung erkennen lassen, kann die Beachtung solcher Persönlichkeitseinflüsse auch in den Supervisionssitzungen sehr hilfreichs ein, was besonders von Ekstein u. Wallerstein (1958) hervorgehoben wurde; es kann dann notwendig werden, solche Persönlichkeitscharakteristika des Therapeuten zur Sprache zu bringen, sobald dem Supervisor deutlich wird, daß der Therapeut wiederholt eine Botschaft des Patienten mißversteht oder unangemessen darauf reagiert.

Fallbeispiel (aus einer Supervisionssitzung über die Therapie von Frau T.)

Im folgenden werden einige Beispiele gegeben, wie der Supervisor seine Bemerkungen über die Persönlichkeit des Therapeuten einleitete: „Mir fällt auf, daß die Überlegungen, die wir jede Woche in der Supervision über die Patientin anstellen, in Ihrer Arbeit mit der Patientin keine Rolle spielen" usw. oder: „Ich habe den Eindruck, daß Sie ein ganz bestimmtes Thema, das die Patientin andeutet, meist überhören; bei diesem Thema handelt es sich um (...)" usw. Von der Reaktion des Therapeuten auf eine solche allgemeine Bemerkung hängt dann die nächste, spezifischere Bemerkung des Supervisors über den Persönlichkeitseinfluß des Therapeuten ab.

Der Therapeut als sein eigener Supervisor und als Supervisor für andere Therapeuten

In der Regel hat der Therapeut den aktuellen Entwicklungsstand des Patienten in der Therapie im Kopf; hin und wieder jedoch geht ihm dies verloren, und er benötigt eine Hilfestellung. Dies geschieht am einfachsten durch die Eigensupervision des Therapeuten, indem er sich über den bisherigen Therapieverlauf Gedanken macht und die Stundenprotokolle durchliest, besonders die Kurzzusammenfassungen; das Anhören der Tonbandaufzeichnungen (wie es besonders von Rogers 1957 b vorgeschlagen wurde) kann hierfür ebenfalls sehr hilfreich sein, auch wenn dieses Vorgehen äußerst zeitaufwendig ist.

Eine solche Eigensupervision kann am besten erlernt werden, wenn man sich an der praktischen Weiterbildung in der Lehre beteiligt; der Therapeut kann beispielsweise Weiterbildungsaufgaben übernehmen, die sonst vom Supervisor erfüllt worden wären. In den Supervisionssitzungen kann der Therapeut sich zur Gewohnheit machen, nach der Zusammenfassung der Therapiesitzung die wesentliche Botschaft des Patienten und seine wichtigsten Interventionen zu untersuchen; der Supervisor macht dasselbe, und anschließend werden die 2 Auffassungen verglichen. Wenn Supervisor und Therapeut zu einem späteren Zeitpunkt dann zu dem Schluß gelangen, daß der Therapeut das in dem Manual enthaltene analytische Psychotherapiesystem hinlänglich gut begriffen hat, sollten Gelegenheiten dafür geschaffen werden, daß der Therapeut andere Therapeuten supervidieren kann. Findet die Supervision in Gruppensitzungen statt, kann beispielsweise die Abwesenheit des Supervisors dazu genutzt werden, daß jedes Gruppenmitglied reihum einmal die Funktion des Supervisors einnimmt; oder die Gruppe bestimmt einen Teilnehmer als Gruppenleiter. Solche Supervisionserfahrungen verhelfen zur Verinnerlichung des Gelernten und tragen damit ganz maßgeblich zur Fähigkeit der Eigensupervision bei.

Abstimmung von Psychotherapeut und Patient

Eine geeignete Vorbereitung des Patienten auf die bevorstehende Psychotherapie ist in der Regel von großer Bedeutung und kann sich auf das Ergebnis der Behandlung sehr günstig auswirken. Eine solche Vorbereitung beinhaltet im wesentlichen die

Klärung von positiven und angemessenen Erwartungen des Patienten hinsichtlich des Vorgehens in der Psychotherapie sowie eine möglichst günstige Abstimmung von Patient und Psychotherapeut. Es folgen hierfür einige Empfehlungen.

Vorbereitung des Patienten

Eine erste Vorbereitung des Patienten auf die Psychotherapie erfolgt gewöhnlich schon durch den überweisenden Arzt oder beispielsweise auch durch einen Freund, der auf eine solche Behandlungsmöglichkeit hinweist; die Art und Weise, wie eine solche erste Vorbereitung erfolgt, beeinflußt die Erwartungen des Patienten und kann schließlich auch seine ersten Reaktionen auf die Therapie mitbestimmen. Es versteht sich von selbst, daß die Einstellung des Patienten zur Therapie von vorneherein eher positiv ist, wenn ihm von einer Vertrauensperson ein bestimmter Therapeut oder eine bestimmte Psychotherapieform oder Klinik empfohlen wurde. Ferner wird die Einstellung des Patienten in positiver oder negativer Richtung mitgeprägt durch die Person, beispielsweise eine Sekretärin, mit der er den ersten Kontakt aufnimmt und den Termin für ein Erstgespräch verabredet.

Das Erstgespräch sollte möglichst bald nach der Anmeldung erfolgen; in dem Zeitraum von 1-2 Wochen nach der Anmeldung ist die Motivation des Patienten für eine Psychotherapie oft am stärksten. Ein größerer Abstand zwischen Anmeldung und Erstgespräch kann durchaus zu einem Rückgang der Therapiemotivation führen; der Patient ist dann häufiger unwillig oder schwer zu behandeln.

Das Vorbereitungsgespräch

In der psychoanalytischen Kurztherapie kann eine geeignete Vorbereitung des Patienten auf die verabredete Psychotherapie das Behandlungsergebnis ganz entscheidend beeinflussen. Unmittelbar vor Behandlungsbeginn sollte der Therapeut – bzw. im Rahmen einer Klinik ein hierfür besonders geschulter Mitarbeiter – die Art der Psychotherapie mit dem Patienten näher besprechen und ihm angemessene Vorstellungen und Erwartungen über die Behandlung und über den Therapeuten vermitteln.

Ein solches Vorbereitungsgespräch wirkt sich nach einigen empirischen Untersuchungen günstig auf Verlauf und Ergebnis der Behandlung aus; dies gilt besonders für Kurztherapien und für einfach strukturierte Patienten (Orne u. Wender 1968; Goldstein u. Simonson 1971). Die günstigen Auswirkungen werden besonders von Goldstein u. Simonson (1971) hervorgehoben, die u.a. herausgefunden haben, daß jene Patienten, die ihren Therapeuten bzw. ihre Therapeutin sympathisch finden, ihrerseits von dem Therapeuten bzw. der Therapeutin gleichfalls als sympathisch eingeschätzt werden. „Wenn der Patient den Therapeuten sympathisch findet, dann tritt 1) beim Patienten weniger Widerstand auf, 2) redet er mehr, 3) erlebt er sich als kränker und steht 4) der Therapie mit einer größeren Erfolgserwartung gegenüber" (S. 164).

Nach Orne und Wender (1968) wird in einem solchen Vorbereitungsgespräch dem Patienten verdeutlicht, wie die Therapie geführt wird, was von ihm selbst erwartet wird und was der Psychotherapeut tut. Eine kontrollierte Vergleichsuntersuchung von Patienten, die ein solches Vorbereitungsgespräch hatten, und jenen, die keines hatten, ergab einen signifikant besseren Therapieerfolg bei der erstgenannten Patientengruppe mit dem Vorbereitungsgespräch (Hoehn-Saric et al. 1964; Nash et al. 1965).

Auswahl des Therapeuten

Wendet sich der Patient an einen in freier Praxis tätigen Psychotherapeuten, so hat er die zumindest vorläufige Auswahl selbst getroffen, allenfalls auf Empfehlung eines Dritten. Anders verhält sich dies in einer psychotherapeutischen Institution, beispielsweise in einer Klinik: Dort erfolgt die Auswahl des Therapeuten gewöhnlich durch einen Mitarbeiter, meist durch einen Sozialarbeiter. Die Entscheidung für einen Therapeuten hängt oft von dessen zeitlicher Verfügbarkeit ab. Solche Regelungen lassen somit dem Patienten wie auch dem Therapeuten recht wenig Wahlmöglichkeiten.

Forschungsergebnissen ist bislang nicht zu entnehmen, welche Merkmale bei Therapeut und Patient eine zuverlässige Grundlage für optimale Paarbildungen von Patient und Therapeut sein können; dasselbe gilt unter dem Stichwort „differentielle Indikation" für die Zuweisung von Patienten zu bestimmten Therapieformen (Berzins 1977; Luborsky u. McLellan 1981). Obwohl sich in einigen wenigen Untersuchungen verschiedene Kriterien ergeben haben, konnten diese einer genaueren Überprüfung an anderen Stichproben (Kreuzvalidierung) nicht standhalten. Im folgenden soll auf 3 beispielhafte Forschungsrichtungen hingewiesen werden, die zuverlässige Datengrundlagen für diese Problemstellung erwarten lassen.

Eine dieser Forschungsrichtungen beschäftigt sich mit den wechselseitigen Vorstellungen und Vorlieben von Patient und Therapeut, die diese aufgrund von Informationen über den jeweils anderen entwickeln. Auf solche Vorlieben bei der Zuordnung von Patient und Therapeut zu achten, bietet noch am ehesten die Gewähr dafür, daß eine Patient-Therapeut-Dyade nach dem ersten vielversprechenden Strohfeuer nicht so schnell ausgebrannt verlischt. In aller Regel jedoch wird die Auswahl des Therapeuten von einem Nichttherapeuten gemäß seiner Beurteilung aus dem Vorgespräch vorgenommen, sofern nicht nur darauf geachtet wird, daß ein Therapeut seine freigewordene Kapazität mit dem nächsten Patienten ausfüllt; solche Beurteilungen werden bisweilen durch psychologische Tests und formalisierte Schätzskalen ergänzt. Selten nur werden hierbei die Vorlieben von Patient und Therapeut berücksichtigt.

Die Berücksichtigung der Vorlieben von Patient und Therapeut hat sich im Penn-Psychotherapieforschungsprojekt (Luborsky et al. 1980) bewährt. Die eine Hälfte der Therapeuten konnte ihre Patienten nach der Lektüre der Krankenakte auswählen; die andere Hälfte der Therapeuten erhielt die Patienten zufällig zugewiesen. Ob der Therapeut seinen Patienten auswählen konnte oder nicht, stand in bedeutsamer Verbindung zu dem Gewinn, den der Patient aus der Psychotherapie ziehen konnte. Wird zusätzlich auch dem Patienten die Auswahl des Therapeuten gestattet und wird überdies eine entsprechende Abstimmung zwischen der Vorliebe des Patienten und des Therapeuten versucht, dann läßt sich dieser Effekt wahrscheinlich noch steigern; in systematischer Forschung muß diese Vermutung noch näher untersucht werden (Luborsky u. McLellan 1981).

Eine weitere Forschungsrichtung beschäftigt sich mit dem Prozeß, in dessen Verlauf Patienten und Therapeuten eine Vorliebe für den anderen entwickeln (Alexander et al., in Vorbereitung). Alle Patienten, die in diese Untersuchung einbezogen werden, müssen zuvor folgendem Vorgehen zugestimmt haben: Vor Beginn einer Therapie hat jeder Patient 2 Sitzungen mit einem Therapeuten; anschließend wird der Patient nach seinem Eindruck von dem Therapeuten befragt. Dann hat der Patient 2 weitere Sitzungen mit einem anderen Therapeuten und wird anschließend wiederum nach seinem Eindruck von diesem zweiten Therapeuten befragt. Nach Beendigung dieser 4 Sitzungen kann der Patient dann entscheiden, mit welchem der beiden Therapeuten er die Therapie fortführen möchte. Erste Ergebnisse aus dieser Untersuchung deuten darauf hin, daß die meisten Patienten eine besondere Vorliebe für denjenigen Therapeuten entwickeln, mit dem sie eine hilfreiche Beziehung entwickelt haben bzw. entwickeln zu können glauben, für den sie eine gewisse Sympathie empfinden und mit dem sie wichtige Gemeinsamkeiten zu haben glauben.

Eine dritte Forschungsrichtung, die weiteren Aufschluß über günstigere Zuweisungen von Patienten zu bestimmten Therapieformen sowie über günstigere Patient-Therapeut-Paarbildungen erwarten läßt, ist in einer Untersuchung verwirklicht, in der 6 verschiedene Behandlungsprogramme für Mittelabhängigkeiten verglichen werden (McLellan et al. 1983a). In dieser Untersuchung hat sich zunächst die Bedeutung des Grades der seelischen Gestörtheit für die Vorhersage des Behandlungserfolgs deutlich gezeigt; Patienten mit schwerer seelischer Gestörtheit profitierten von keinem der 6 Behandlungsprogramme in bedeutendem Ausmaß; im Gegensatz hierzu besserten sich bei allen 6 Behandlungsprogrammen alle Patienten mit geringer seelischer Gestörtheit. Somit erschien es notwendig, diese hinsichtlich der seelischen Gestörtheit extremen Patientengruppen aus dem weiteren Vergleich der Behandlungsprogramme herauszunehmen. Für die Patientengruppe mit mittlerer seelischer Gestörtheit ergaben sich hinsichtlich des Behandlungserfolgs ziemlich klare Zuordnungskriterien von Patient und Behandlungsprogramm. In einer Wiederholung dieser Untersuchung ließen sich diese Befunde bestätigen (McLellan et al. 1983b).

Auswahl des Patienten

Wie schon weiter oben bemerkt wurde, wirkt es sich günstig aus, wenn die Vorlieben von Patient und Therapeut füreinander berücksichtigt werden. Manche Patienten, die wegen einer Psychotherapie die Klinik aufsuchen, wissen bereits etwas über verschiedene Kliniken und sogar über bestimmte Therapeuten; in diesen Fällen gestalten Patienten den Auswahlprozeß mit. Andere Patienten wenden sich auf eigene Faust an mehrere niedergelassene Psychotherapeuten und verschaffen sich somit beste Gelegenheiten, ihre Vorlieben zu verwirklichen.

Die Literatur im Bereich der Psychotherapieforschung liefert keinerlei spezifische Angaben darüber, für welche Patienten die analytische Psychotherapie im Unterschied zu anderen Psychotherapieformen am besten geeignet ist (Luborsky et al. 1975). Dennoch liegen mittlerweile eine große Zahl von Forschungsergebnissen vor, die darauf hinweisen, daß Patientenmerkmale im allgemeinen durchaus mit dem Behandlungserfolg einer Psychotherapie in Verbindung stehen (Luborsky et al., im Druck). Das herausragende Merkmal, das den Psychotherapieerfolg am besten vorherzusagen erlaubt, ist die seelische Gesundheit des Patienten im Gegensatz zu der weiter oben erwähnten seelischen Gestörtheit.

Aus einer der ersten einschlägigen empirischen Untersuchungen im Rahmen des Menninger-Psychotherapieforschungsprojekts ergab sich, daß seelisch relativ gesunde Patienten aus einer Psychotherapie den größten Gewinn ziehen (Luborsky 1962). Diese Eigenschaft der seelischen Gesundheit hängt mit der psychologischen Begabung und Einsichtsfähigkeit sowie mit dem Fehlen schwerer psychopathologischer Symptome zusammen. Im ökonomischen Sprachgebrauch könnte man auch sagen: „Wer schon hat, bekommt noch mehr dazu." Im Rahmen des Penn-Psychotherapieforschungsprojekts wurden in einer umfassenden Literaturübersicht 68 empirische Untersuchungen ausfindig gemacht, in denen die Skala der seelischen Gesundheit bzw. Gestörtheit als Prädiktor für den Psychotherapieerfolg verwendet wurde; in 48 dieser Untersuchungen erwies sich diese Skala tatsächlich als signifikanter Prädiktor.

Im folgenden seien einige wichtige multivariat angelegte Vorhersagestudien mit ihren Ergebnissen genannt: Im Penn-Psychotherapieforschungsprojekt (Luborsky et al. 1980) korrelierte die Skala der seelischen Gesundheit bzw. Gestörtheit mit einem Erfolgskriterium (anhaltender Therapieerfolg) in Höhe von $r = 0{,}30$ ($p < 0{,}05$) und mit einem anderen Erfolgskriterium (eingeschätzter Therapieerfolg) in Höhe von $r = 0.25$ ($p < 0{,}05$). Die Daten einer Studie des Beratungszentrums in Chicago (Fiske et al. 1964) wurden von uns unter diesem Gesichtspunkt nachträglich ausgewertet, und es stellte sich ein ähnlicher signifikanter Vorhersagewert dieses Merkmals heraus. Das Menninger-Psychotherapieforschungsprojekt (Kernberg et al. 1972), die Temple-Studie (Sloane et al. 1975) sowie eine Untersuchung aus Yale (Rounsaville et al. 1981) ergaben in Übereinstimmung mit dem Penn-Psychotherapieforschungsprojekt gleichfalls einen signifikanten, wenn auch nur mittleren Vorhersagewert des Grades der seelischen Gesundheit bzw. Gestörtheit.

Der Grad der seelischen Gesundheit bzw. Gestörtheit kann nicht nur den Psychotherapieerfolg vorhersagen; er ist auch von Vorhersagewert für den Erfolg einzelner Behandlungsformen. In der Vergleichsuntersuchung mit den 6 Behandlungsprogrammen an 800 mittelabhängigen Patienten (McLellan et al. 1983) ermöglichte der Grad der seelischen Gestörtheit eine signifikante Vorhersage des Behandlungserfolgs, und zwar sowohl für die gesamte Stichprobe wie auch für jedes einzelne Behandlungsprogramm ($r = 0,34$; $p < 0,01$). Besonders interessant ist hierbei der Befund, daß die Vorhersagegenauigkeit des Grades der seelischen Gestörtheit besser ist als die der Schwere des Drogenmißbrauchs oder irgendeiner anderen Störung. Mit anderen Worten kann der Erfolg einer Behandlung bei Drogenabhängigkeit aus dem Grad der seelischen Gesundheit bzw. Gestörtheit besser vorhersagt werden als aus der Schwere der Drogenabhängigkeit!

Eine Reihe von weiteren Patientenmerkmalen erwiesen sich in einigen Untersuchungen als prädiktiv für den Psychotherapieerfolg, in anderen Untersuchungen aber wiederum nicht, so daß weitere Kreuzvalidierungsstudien notwendig sind und auch eine vorläufige Bewertung noch nicht möglich ist. Was nun die analytische Psychotherapie angeht, so weist diese Psychotherapieform eine erhebliche Flexibilität in der Behandlung eines breiten Spektrums von Patienten auf, angefangen von leichteren Belastungsreaktionen bis hin zu Borderlinepsychosen. Für die Behandlung eines so breiten Störungsbereichs kann der Psychotherapeut den Anteil von supportiven und expressiven Behandlungstechniken je nach Notwendigkeit und Bedarf beliebig variieren. In Kap. 5 ist näher ausgeführt, daß in Abhängigkeit vom zunehmenden Störungsausmaß in der Regel der Anteil der supportiven Behandlungstechniken zunehmen muß und die expressiven Techniken zurückgenommen werden sollten. Zum großen Teil liegt es in eben dieser Entscheidungsmöglichkeit zwischen supportiven und expressiven Behandlungstechniken begründet, daß die analytische Psychotherapie für seelisch schwer kranke Patienten oft geeigneter ist als die klassische Psychoanalyse. Diese altehrwürdige Auffassung wird unterstützt durch klinische Erfahrungen und Forschungsergebnisse, die mit dieser Psychotherapieform inzwischen gewonnen werden konnten (Wallerstein 1984).

Im folgenden werden die vorliegenden Forschungsergebnisse zusammengefaßt, die zeigen, welche Patienten für eine Psychotherapie als am besten geeignet erscheinen:

1) Der Grad der seelischen Gesundheit bzw. Gestörtheit ist der stabilste Prädiktor für den Psychotherapieerfolg, und zwar nicht nur für die analytische Psychotherapie, sondern auch für viele andere Psychotherapieformen und psychologische Behandlungsformen.
2) Emotionale Offenheit trägt ebenfalls zum Psychotherapieerfolg bei, möglicherweise wegen des motivationalen Anteils, der in der Teilskala „optimistische Erfolgserwartung" mitenthalten ist.
3) Ähnlichkeiten zwischen Patient und Psychotherapeut in grundlegenden demographischen und Einstellungsmerkmalen, besonders in Alter, Ehestand und Interessen, scheinen ebenfalls aussichtsreiche Prädikatoren für den Psychotherapieerfolg zu sein.

Über diese Merkmale hinaus, die auf die Eignung von Patienten für Psychotherapie im allgemeinen hindeuten, ist weitere Forschungsarbeit zur Problemstellung der differentiellen Indikation vonnöten, um angeben zu können, welche Psychotherapieform für welche Patienten am aussichtsreichsten ist.

Teil II. Manual

4 Behandlungsbeginn

Die „Züge" der Eröffnung und des Endspiels der Psychotherapie sind, nach der Schachspielmetapher von Freud (1913a), klarer und übersichtlicher als jene des breiten Mittelspiels. Die empfehlenswerten Eröffnungen für die ersten Sitzungen der Behandlung werden im folgenden dargestellt. Der Therapeut sollte:

1) zuhören, um herauszufinden, welches die Probleme des Patienten sind, und um dem Patienten Gelegenheit zu geben, diese als Zielvorstellungen nach ihrer Bedeutung zu ordnen;
2) dem Patienten erklären und verdeutlichen, was der Therapeut tut;
3) klare Absprachen über die Behandlung treffen;
4) die Entwicklung einer vertrauensvollen und tragfähigen Beziehung ermöglichen;
5) den Behandlungsprozeß mit grundlegenden Formulierungen der wichtigsten Beziehungsprobleme und der mit ihnen verbundenen Symptome einleiten.

Zielsetzungen

Die Zielvorstellungen des Patienten stehen im Mittelpunkt der therapeutischen Arbeit. Sie führen den Patienten in die Therapie und beinhalten die erwünschten Veränderungen. Sie sorgen auch dafür, daß der Patient weiter zur Behandlung kommt und versucht sich zu ändern. Es handelt sich um eine altehrwürdige Beobachtung, daß in den Zielvorstellungen die Motivation für Veränderungen liegt. Freud (1913a, S. 477) betonte: „Der nächste Motor der Therapie ist das Leiden des Patienten und sein daraus entspringender Heilungswunsch." Innerhalb der Theorie der therapeutischen Veränderung bedeutet dies, daß die Zielvorstellungen in dem Zusammenspiel von 3 Faktoren erreicht werden: die Arbeit des Patienten in Richtung auf die Zielvorstellungen, seine Fähigkeit zur Veränderung, und die angemessene Verwirklichung der 2 Formen von fördernden Therapiebedingungen durch den Therapeuten: eine unterstützende, supportive Haltung sowie die Ermöglichung des emotionalen Ausdrucks und des Verstehens. Besonders die stützende, hilfreiche Beziehung zum Therapeuten stellt einen ständigen Antrieb für Veränderung dar.

Besprechung der Behandlungsziele

Sofern der Patient es nicht selbst tut, könnte ihn der Therapeut zu einem geeigneten Zeitpunkt im Erstgespräch auffordern: „Erzählen Sie mir von den Problemen, an denen Sie arbeiten möchten." Die Festlegung von Zielvorstellungen für die Behandlung beginnt im Erstgespräch, wiederholt sich aber immer wieder während der gesamten Behandlung, sobald der Patient die Behandlungsziele unter einem neuen Blickwinkel betrachtet. Zu den üblichsten Zielvorstellungen gehört für viele Patienten die Bewältigung von Angst und Depression sowie von alltäglichen Problemen. Um welche Behandlungsziele es auch geht, sie sollten besprochen werden, damit ihre Erreichbarkeit untersucht werden kann.

Überprüfung des Behandlungsfortschritts hinsichtlich der Behandlungsziele

Eine der Funktionen der Festlegung von Behandlungszielen zu Beginn der analytischen Psychotherapie ist es, sowohl dem Patienten wie auch dem Therapeuten die Ziele klarzumachen, auf die sich die Behandlungsbemühungen richten. Die Festlegung von Behandlungszielen kann sich als nützlicher Fokus nicht nur für den Behandlungsbeginn, sondern auch für den gesamten Behandlungsprozeß erweisen. Besonders in der zeitlich begrenzten analytischen Psychotherapie sollte man sich den Luxus einer großzügigen Einstellung gegenüber dem zeitlichen Aufwand nicht leisten, und die Fokussierung auf die Behandlungsziele kann die therapeutische Arbeit beschleunigen.

Die Zielvorstellungen liefern Hinweise auf den Behandlungsfortschritt bzw. auf sein Ausbleiben. Im Laufe der Behandlung kann es für den Supervisor wie für den Therapeuten nützlich sein, bisweilen auf die Anfangsdiagnostik und auf die ersten Sitzungen zurückzublicken, um sich den aktuellen Stand des Patienten im Verhältnis zu den anfänglichen Zielvorstellungen zu vergegenwärtigen. Der natürlichste Zeitpunkt für einen solchen Rückblick ergibt sich, sobald ein Behandlungsziel erreicht ist. Schlesinger (1977) hat beobachtet, daß es beim Erreichen eines Behandlungsziels höchstwahrscheinlich „innere Hinweiszeichen" gibt, welche die Veränderung signalisieren, so daß verschiedene Phasen im Verlauf der Behandlung festgestellt werden können. Solche Behandlungsphasen gestatten es dem Patienten und dem Therapeuten, zwischenzeitlich Erreichtes wahrzunehmen und einzuschätzen.

Zusätzlich wirkt die Festlegung von Behandlungszielen als Erschwernis für ungute Regressionen. Das Fehlen von Zielfestlegungen ist für manche Patienten insofern antitherapeutisch, als das Fehlen klarer Zielsetzungen eine besondere Empfindlichkeit für Zustände wie Mißtrauen oder Abhängigkeit fördert, die sie nicht ertragen können. (Dies wird an einem längeren Fallbeispiel in Kap. 5 erläutert.)

Erläuterung des Therapieprozesses

Neben der Besprechung der Behandlungsziele muß der Therapeut erklären und deutlich machen, was der Patient und der Therapeut in der Therapie tun werden. Die Erläuterungen zum Therapieverlauf sollten zu diesem frühen Zeitpunkt knapp ausfallen, weil der Patient den therapeutischen Prozeß bald selbst erleben wird und selbst feststellen kann, was der Therapeut tut. Ausführliche Erklärungen sind unnötig und können zur Verwirrung des Patienten führen. Ihm kann einfach mitgeteilt werden, daß er sagen könne, was immer er möchte; sobald mehr Klarheit erreicht ist, werden Patient und Therapeut gemeinsam versuchen herauszufinden, was das Erreichen der Therapieziele verhindert, und sie werden gemeinsam nach Möglichkeiten suchen, die Probleme des Patienten zu bewältigen.

In der analytischen Psychotherapie ist die Anweisung, der Patient solle versuchen zu sagen, was ihn beschäftigt, günstiger als die in der klassischen Psychoanalyse empfohlene striktere Grundregel, daß der Patient *alles* sagen müsse. Die Anweisung an den Patienten, alles zu sagen, was ihm in den Sinn kommt, zu einer Forderung zu erheben, kann bisweilen seine Beziehung zum Therapeuten unnötig belasten, und es ist auch wirklich nicht nötig, dies als Regel zu formulieren. Der Patient wird nämlich bald selbst herausfinden, daß das Bemühen zu sagen, was ihn beschäftigt, nützlich ist, weil sich hierdurch die Gelegenheit bietet zu verstehen, weshalb er etwas nicht gesagt hat.

Alle Patienten verfallen bisweilen in Schweigen und wissen anscheinend nicht, was sie sagen sollen; sie erklären dann, daß sie nicht wissen, worüber sie reden sollen. Schließlich wird ihnen jedoch deutlich werden, daß das Denken auch in einer Gesprächspause weitergeht, daß Gesprächspausen immer Entscheidungen darüber beinhalten, was wert ist, zur Sprache gebracht zu werden, und was nicht. Die Klärung der Hintergründe für die Entscheidung des Patienten zu reden bzw. nicht zu reden kann ihm helfen, seine Probleme weiter zu bearbeiten (Freud 1913a, S. 471f.).

Vereinbarungen über den äußeren Rahmen der Therapie

Zu den wichtigsten Vereinbarungen über den äußeren Ablauf der Therapie, die zu Beginn der Behandlung festzulegen sind, zählen

1) die Dauer jeder Therapiesitzung,
2) die Kostenübernahme durch die Krankenversicherung,
3) wie vom Patienten abgesagte Sitzungen gehandhabt werden,
4) die Abstimmung über die Sitzungstermine und
5) die voraussichtliche Dauer der Therapie.

Einige Vereinbarungsmöglichkeiten und ihre Grundsätze seien im folgenden vorgeschlagen:

1) Dauer der Therapiesitzung: Die übliche Dauer einer Sitzung beträgt 50 Minuten. Der Patient sollte dies von Anfang an wissen, und Therapeut und Patient sollten sich daran halten.

2) Kostenübernahme durch die Krankenversicherung: Mit Patienten, die bei einer gesetzlichen Krankenkasse versichert sind, sind die Antragsregelungen für die Kostenübernahme zu besprechen; mit Patienten, die bei einer privaten Krankenversicherung versichert sind, ist die Höhe des Sitzungshonorars sowie der Zahlungsmodus unter Berücksichtigung der jeweiligen vertraglichen Regelungen festzulegen.

3) Vorgehen bei vom Patienten abgesagten Sitzungen: Eine übliche Verabredung lautet: „Alle Sitzungen, zu denen Sie nicht erscheinen, müssen Sie selbst bezahlen, es sei denn, ich kann die für sie freigehaltene Stunde mit einem anderen Patienten belegen." Diese Regelung, abgesagte Stunden dem Patienten persönlich in Rechnung zu stellen, ist der Arbeitssituation des Psychotherapeuten angemessen, da der Patient „eine bestimmte Stunde mietet" (Freud 1913a, S. 458); in der psychotherapeutischen Praxis ist es in der Regel nicht möglich, abgesagte Stunden mit einem anderen Patienten auszufüllen. Dies gilt sowohl für Vollzeitpsychotherapeuten als auch für jene, die nur eine bestimmte Zahl von Patienten pro Woche behandeln. Wenn den Patienten jedoch eine schwere organische Krankheit befällt oder schwerwiegende äußere Umstände eintreten, die dem Patienten die Fortführung der Psychotherapie eine Zeitlang unmöglich machen, dann kann die Behandlung als unterbrochen angesehen werden, und der Psychotherapeut kann über die Stunden frei verfügen. Sobald der Patient die Psychotherapie wieder aufnehmen kann, kann der Therapeut die Behandlung fortführen, sobald eine freie Stunde verfügbar ist.

4) Sitzungstermine: Am besten wird eine feste Stunde in der Woche verabredet, die nur aus besonderen Gründen geändert werden sollte. Im Falle einer unabänderlichen Terminverlegung durch den Therapeuten sollte die Ersatzstunde für dieselbe Woche verabredet und dann mit dem üblichen Termin fortgesetzt werden.

5) Dauer der Therapie: Meistens weiß der Therapeut vor der 1. Therapiesitzung, welche der 2 Zeitstrukturen er für die Therapie vorgeben möchte: eine zeitliche Festlegung oder eine Nichtfestlegung in der Zahl der Sitzungen. Bei der Verabredung einer zeitlich nicht festgelegten Therapiedauer könnte der Therapeut etwa sagen: „Wir werden die Therapie so lange fortführen, bis Sie und ich zu der Auffassung gelangen, daß die Zeit für die Beendigung gekommen ist."

Bei der Besprechung näherer Einzelheiten der zeitlich nicht festgelegten Therapie kann in der 1. oder 2. Therapiesitzung hinzugefügt werden, „daß das Ende der Therapie bevorsteht, sobald einige der Behandlungsziele, die Sie erreichen möchten, tatsächlich erreicht sind". Es ist wichtig, schon zu diesem frühen Zeitpunkt in der Therapie auf einen weiteren Punkt hinzuweisen: „Sobald wir uns über die Beendigung der Therapie Gedanken machen, zu welchem Zeitpunkt auch immer das sein mag, sollten wir uns vor dem tatsächlichen Therapieende noch wenigstens 2 oder 3 Sitzungen Zeit nehmen und zurückblicken auf das, was wir getan und erreicht haben."

Der Patient kann zu Recht beanspruchen, daß er vom Therapeuten über die zu erwartende Behandlungsdauer aufgeklärt wird, soweit dieser sie abschätzen kann. Der Therapeut wird üblicherweise darauf hinweisen, daß die Dauer der Therapie von Patient zu Patient sehr unterschiedlich sein kann; einige Behandlungen dauern einige Monate, andere erstrecken sich über mehrere Jahre. Die Behandlungsdauer hängt von den verabredeten Zielvorstellungen ab sowie davon, wie rasch der Patient diese erreicht. Der Vorteil einer solchen offenen Zeitstruktur der Therapie ist darin zu sehen, daß sie je nach den Bedürfnissen des Patienten gedehnt oder gerafft werden kann.

Eine zeitlich festgelegte analytische Psychotherapie ist für solche Patienten, Kliniken und Forschungsvorhaben geeignet, bei denen eine rasche und zeitlich eng begrenzte Behandlungsdauer angebracht erscheint. Manchen Patienten wird die zeitliche Begrenztheit als ein zusätzlicher Ansporn für die Erreichung der notwendigen Veränderungen nützlich sein. Die empfehlenswerte Dauer solcher Kurztherapien liegt zwischen 12 und 30 Sitzungen. Eine mögliche Variante besteht in der Verabredung von 12 Sitzungen über einen Zeitraum von 16 Wochen; die ersten Sitzungen finden wöchentlich, die letzten 2wöchentlich statt. Zu einem geeigneten Zeitpunkt sollte der Therapeut erläutern, daß eine solche zeitliche Festlegung besonders hilfreich sein kann. Ist der Patient hinsichtlich der kurzen Behandlungsdauer unsicher und fragt: „Was ist aber, wenn ich weitere Behandlung brauche?“, so kann der Therapeut erwidern: „Dann sollten wir eine Zeitlang abwarten, wie es ohne Therapie geht, und dann Möglichkeiten einer weiteren Behandlung überlegen, falls es notwendig sein wird.“

Herstellung einer vertrauensvollen und tragfähigen Arbeitsbeziehung

Von Anbeginn an ist während der gesamten Therapie die Herstellung einer guten Arbeitsbeziehung von besonderer Bedeutung. Gewöhnlich wird die therapeutische Beziehung einen guten Auftakt nehmen, sofern der Therapeut sich bemüht, die Zielvorstellungen des Patienten herauszufinden und ihm den Verlauf der Therapie zu erläutern. Der Patient wird meist versuchen abzuschätzen, ob der Therapeut zuverlässig ist, ob er helfen kann und ob er helfen will.

Die Sorge um die korrekte Behandlungstechnik führt bisweilen, wenn auch unnötigerweise, dazu, daß sich der Therapeut in seinem Interesse an dem Patienten zu sehr zurückhält und die üblichen Gepflogenheiten in zwischenmenschlichen Beziehungen außer acht läßt. In der Besprechung von Blantons Erinnerungen (1971) an seine Analyse bei Sigmund Freud stellt Samuel Lipton (1973) fest: „Es [Blantons Buch] legt bewegendes Zeugnis ab für das unermüdliche Interesse und für die Wertschätzung, die Freud trotz der destruktiven persönlichen Lebensumstände in den letzten Jahren für seine Patienten aufbrachte. (...) Ganz offensichtlich betrachtete er [Freud] die warme, herzliche Beziehung, die er zum Patienten einging, niemals als Teil der psychoanalytischen Behandlungstechnik, obwohl jeder Aspekt der Beziehung einer späteren Deutungsarbeit zugänglich blieb“ (S. 236).

Tatsächlich erhob Freud (1913a) den Gedanken zu einem behandlungstechnischen Prinzip, daß der Therapeut erst nach der Herstellung eines „ordentlichen Rapports" (S. 473; in diesem Manual wird der Rapport, d.h. eine „leistungsfähige Übertragung", als Teil des supportiven Therapieaspekts verstanden) die Mitteilungen des Patienten über die „geheime Bedeutung seiner Einfälle" (S. 473) sinnvoll aufgreifen und bearbeiten kann. (Das Verstehen und Deuten solcher geheimer Bedeutungen wird in diesem Manual als expressiver Therapieaspekt bezeichnet.)

In dem Bemühen um ein ausgewogenes Vertrauensverhältnis verspüren Psychotherapeuten oft die natürliche Versuchung, dem Patienten Persönliches über sich mitzuteilen. Ein solches Verhalten könnte als notwendig gerechtfertigt werden: „um den Patienten mit sich fortzureißen" oder „ein Vertrauen ist doch das andere wert" oder „um ihm die Gleichstellung zu ermöglichen" (Freud 1912, S. 383). Dieser Versuchung sollte der Therapeut in der Regel widerstehen, weil sich hieraus letztendlich weniger Vorteile als längerfristige Schwierigkeiten ergeben können. Mitteilungen über die Person des Therapeuten helfen dem Patienten nicht, seine eigenen Probleme besser verstehen zu lernen; sie sind im Gegenteil eher geeignet, ihn von diesem Ziel abzulenken. Ferner könnte eine solche Mitteilungsbereitschaft es dem Patienten erschweren, den Therapeuten als unparteiisch und hilfreich in der Herausarbeitung seiner Probleme anzusehen.

Einstieg in das Verstehen und in die Bearbeitung der Probleme des Patienten

Bereits in den ersten Therapiesitzungen beginnt der Therapeut, Vorstellungen über die offensichtlichen und selbst über die „geheimen Bedeutungen" in den Beziehungsproblemen des Patienten zu entwickeln. Diese Probleme werden oft mit den Symptomen des Patienten und mit seinen Zielvorstellungen in Verbindung stehen.

Oft versteht der Therapeut schon in den ersten Sitzungen von diesen Beziehungsproblemen des Patienten sehr viel mehr, als in dieser frühen Behandlungsphase (oder vielleicht überhaupt jemals) sinnvollerweise zur Sprache gebracht werden könnte. Einige Prinzipien zur Auswahl und zum Zeitpunkt von Interventionen sollen an dieser Stelle nur erwähnt und später weiter ausgearbeitet werden.

Das 1. Prinzip besagt, daß der Therapeut in der Auswahl seiner Interventionen begründet vorgehen sollte. In dieser Begründung sollten die diagnostischen Überlegungen vor Beginn der Therapie sowie das Verhalten des Patienten in den ersten Sitzungen einbezogen sein. Eine solche Begründung sollte spezifischere Angaben enthalten als nur die Feststellung, daß der Patient mehr oder weniger Unterstützung bzw. deutendes Verstehen braucht; notwendig sind Angaben darüber, „was unterstützt werden muß und zu welchem Zeitpunkt und warum, sowie was gedeutet werden muß und warum" (Schlesinger 1969, S. 268).

Meistens wird ein Ausschnitt aus dem zentralen Beziehungsproblem gedeutet werden müssen. Hierfür sollte der Therapeut seine Interventionen auf einzelne Aspekte des zentralen Beziehungsproblems fokussieren. Die ständige Zentrierung auf eine solchen Fokus kennzeichnet die *fokale Behandlungsführung*, eines der Merkmale der zeitlich festgelegten psychoanalytischen Kurztherapie. Der Prozeß der Fokussierung auf das zentrale Beziehungsthema setzt sich während der gesamten Behandlung fort. Bisweilen tritt ein Wechsel in diesem Thema ein; gewöhnlich jedoch entwickelt sich ein breiteres und tieferes Verständnis des Beziehungsthemas. Detaillierte Überlegungen, wie die Interventionen auf das zentrale Beziehungsthema zu fokussieren sind, werden in Kap. 7 vorgestellt.

Nach der Entscheidung darüber, was gedeutet werden muß, gewinnt ein anderes Prinzip an Bedeutung: der Therapeut sollte mit der Deutung abwarten, bis das Problem dem Patient bewußtseinsnahe genug geworden ist. Wird dieses Prinzip mißachtet, dann kann der Therapeut „dadurch sich und seine Sache um jeden Kredit bringen (...), ob man nun richtig geraten hat oder nicht“ (Freud 1913a, S. 474). Dieses Interventionsprinzip gilt ebenso für spätere Behandlungsphasen.

5 Supportive therapeutische Beziehungen

Nach der Theorie der psychoanalytischen Therapie ist eine supportive therapeutische Beziehung erforderlich, damit sich der Patient sicher genug fühlen kann, um das Wagnis auf sich zu nehmen, die Einschränkungen im Erleben und Verhalten zu verringern, die ihn in die Psychotherapie geführt haben. Die supportive Beziehung zum Therapeuten ermöglicht dem Patienten, die Deutungsarbeit in der Therapie als spezifisches Mittel zur Erreichung der Behandlungsziele zu erleben und zu nutzen.

Natürlich weisen alle Psychotherapieformen, selbst die deutungsintensivste Psychoanalyse, supportive Aspekte auf, weil sich diese in der Regel allein schon bei der Herstellung einer therapeutischen Beziehung ergeben; dieser Unterstützungsaspekt kann theoretisch und praktisch als Teil der Therapie selbst angesehen werden, beispielsweise in Gestalt der Zusammenarbeit von Patient und Therapeut mit dem Ziel, dem Patienten bei der Erreichung seiner Behandlngsziele zu helfen. Freud (1913) sprach die Empfehlung aus, daß der Therapeut nichts unternehmen sollte, um die Entwicklung der natürlichen Neigung des Patienten zur Bindung an den Therapeuten zu stören: „Das erste Ziel der Behandlung bleibt, ihn [den Patienten] an die Kur und an die Person des Arztes zu attachieren. (...) Wenn man ihm ein ernstes Interesse bezeugt (...) und gewisse Mißgriffe vermeidet, stellt der Patient ein solches Attachement von selbst her (...). Man kann sich diesen ersten Erfolg allerdings verscherzen, wenn man von Anfang an einen anderen Standpunkt einnimmt als den der Einfühlung" (S. 474).

Die weitreichende einleitende Feststellung, daß „alle Psychotherapieformen supportive Aspekte" aufweisen, hat kürzlich eine empirische Bestätigung gefunden (Luborsky et al. 1982). Drei verschiedene Therapieformen für die Behandlung von Patienten mit Mittelmißbrauch wurden verglichen: analytische Psychotherapie, kognitive Verhaltenstherapie und Drogenberatung. Zwei Beurteiler schätzten unabhängig voneinander anhand von Ausschnitten aus diesen Therapien das Ausmaß an supportiven Behandlungsaspekten ein. Es stellte sich dabei heraus, daß die 3 Therapieformen hinsichtlich der supportiven Behandlungsaspekte im wesentlichen gleich sind. Dieses Ergebnis ist um so beeindruckender, als nur das Manual der analytischen Psychotherapie den supportiven Behandlungsaspekten ausdrückliche Beachtung schenkt. Offensichtlich kann sich ein kurativer Faktor unabhängig davon auswirken, ob er in einem Psychotherapie-Manual berücksichtigt wird oder nicht.

Im folgenden werden supportive Therapietechniken und ihre Anwendung beschrieben. Beim Lesen dieses Kapitels muß man einen grundlegenden Satz der psychoanalytischen Theorie stets im Auge behalten: Der Therapeut kann bei der Anwendung dieser Techniken nicht davon ausgehen, daß sie sich so auswirken, wie sie gemeint sind.

Die besondere Aufmerksamkeit des Therapeuten muß der Technik gelten, wie diese vom Patienten erlebt wird. Herbert Schlesinger (persönliche Mitteilung 1983) stellte noch schärfer fest: „Der Patient hat das Recht zu bestimmen, was es denn sei, das der Therapeut ihm anbietet. Wenn der Patient eine Behandlungstechnik als supportiv empfindet, dann handelt es sich um eine supportive Technik.“ In diesem Verständnis behandelt dieses Kapitel Therapietechniken, die von Patienten im allgemeinen als supportiv erlebt werden.

Wie zu entscheiden ist, welche Patienten eine zusätzliche Sicherung der hilfreichen therapeutischen Beziehung mit Hilfe von supportiven Techniken benötigen

Patienten unterscheiden sich in Ausmaß und Art der benötigten Unterstützung. Für viele Patienten in analytischer Psychotherapie können während der gesamten Therapie ganz überwiegend die Behandlungstechniken zur Förderung des affektiven Ausdrucks und des Verstehens eingesetzt werden, da deren implizite supportive Komponente ausreicht. Bei solchen Patienten können sich diese deutenden Techniken auf Probleme beim Erleben angemessener Unterstützung richten, und deshalb gleichen die wesentlichen Behandlungstechniken jenen in einer gut geführten Psychoanalyse.

Bei manchen Patienten jedoch muß die Intensität der implizit supportiv wirkenden Komponenten in der Psychotherapie durch besondere zusätzliche supportive Maßnahmen erhöht werden. Solche zusätzlichen supportiven Maßnahmen werden oft von Patienten mit Charakterstörungen und Psychopathien benötigt, die eine niedrige Angsttoleranz und Schwierigkeiten in ihrer Reflexionsfähigkeit aufweisen, sowie von Patienten, bei denen eine Regression verhindert und das Anpassungsniveau stabilisiert werden muß, indem die Abwehr gefestigt und die Analyse der Abwehr unterlassen wird, weil sonst übermäßige Angst hervorgerufen und die Abwehr geschwächt würde (Gill 1951).

Oft kann der Therapeut die Entscheidung, wieviele und welche zusätzlichen supportiven Maßnahmen benötigt werden, zu Therapiebeginn klar treffen und für die gesamte Therapie beibehalten. Bei manchen Patienten fällt die Entscheidung über die Behandlungstechniken allerdings schwerer. Der Therapeut kann hierfür eine psychologisch-diagnostische Untersuchung veranlassen (Rapaport et al. 1968), oder er kann die Reaktionen des Patienten in einer Probetherapie mit Hilfe von Probeinterventionen abzuschätzen suchen (Freud 1913), oder der Therapeut trifft die Entscheidung nach und nach in dem Maße, in dem er in der Therapie mit dem Patienten Erfahrungen sammelt; letzteres geschah in den 2 folgenden Fallbeispielen. Schließlich kann sich der Therapeut damit trösten, daß es für solche Entscheidungen über die geeigneten Behandlungstechniken ein besonderes Gebet gibt: „Herr, gib mir die Geduld zu ertragen, was ich nicht ändern kann, die Kraft zu ändern, was ich ändern kann, und die

Weisheit, diese beiden Fälle zu unterscheiden." (Dieses Gebet wird verschiedenen Quellen zugeschrieben.)

Wenn der Therapeut zu der Auffassung gelangt ist, daß ein Patient zusätzlicher unterstützender Behandlungstechniken bedarf, erlebt der Therapeut deren Gewährung gewöhnlich als echt und nicht als gespielt. Manche Therapeuten fühlen sich hingegen wohler, wenn diese Vorgehensweisen nicht mit dem Begriff „Techniken" bezeichnet werden, sondern als hilfreiches Verhalten eines anständigen Menschen betrachtet werden (Lipton 1979).

Gleichzeitig mit der Entscheidung für zusätzliche unterstützende Maßnahmen muß festgelegt werden, welche Art der Unterstützung notwendig ist. Leitlinien für solche Entscheidungen werden von Schlesinger (1969) vorgeschlagen. Er gelangt zu dem Schluß, daß eine strikte Abgrenzung zwischen unterstützender, supportiver und verstehensorientierter Psychotherapie leicht in die Irre führen kann:

Aus logischer Sicht kann jene Psychotherapie als „unterstützend bzw. supportiv" bezeichnet werden, in welcher der Therapeut stets des Patienten Bedürftigkeit nach Unterstützung beachten muß. Doch (...) wenn die Bezeichnung „supportiv" als Beschreibungsmerkmal für Psychotherapien verwendet wird, dann sind manche Therapeuten der Auffassung, daß diese Bezeichnung den *ausschließlichen* Einsatz bestimmter supportiver Behandlungstechniken verlangt und bestimmte andere Behandlungstechniken (besonders Deutungen von Inhalten und selbst von Widerstand) verbietet. Dieser Begriff unterdrückt das Interesse und die Aufmerksamkeit des Therapeuten für (...) weite Bedeutungsinhalte in den Mitteilungen des Patienten. (...) Supervisoren hören von Psychotherapeuten am Anfang der Ausbildung oft eine Schilderung, wie sich der Patient mit der Bewältigung und Lösung eines schmerzlichen Konflikts abmüht und plagt; offensichtlich sind zumindest einige zugrunde liegende Bedeutungen der Schwierigkeiten des Patienten dem Therapeuten bewußt. Wird der Therapeut gefragt, warum er dem Patienten nicht mit einer geeigneten Deutung geholfen hat, so antwortet er: „Der Patient ist doch schizophren" oder „Es handelt sich doch um eine supportive Therapie". Solche Antworten werden in der festen Überzeugung gegeben, daß sie eine sinnvolle Erklärung beinhalten (S. 271-272).

Nach Schlesingers Auffassung (1969) soll eine vollständige Diagnose die Ableitung von Therapiemaßnahmen ermöglichen, wie dies in der Medizin im allgemeinen auch der Fall ist. Solche Therapiemaßnahmen sind in der analytischen Psychotherapie die vielfältigen supportiven und deutenden Techniken. Die diagnostische Untersuchung soll zur Beantwortung von 3 Fragen beitragen, die für die spezifische Anwendung der Behandlungstechniken zentral sind: In welcher Hinsicht benötigt der Patient Unterstützung? Wie soll die Unterstützung erfolgen? Und wann wird die Unterstützung am ehesten notwendig sein? Patienten benötigen häufig Unterstützung bei der Aufrechterhaltung ihres Selbstwertgefühls, in ihrem Realitätssinn, im Umgang mit der übermäßigen Strenge ihres Gewissens und in der Angstregulierung im Zusammenhang mit ihren Wünschen. Beispiele dafür, wie und wann eine Unterstützung erfolgen kann, werden anschließend und weiter unten in diesem Kapitel gegeben.

Fallbeispiel: Herr Z.

Ein gut bekanntes Beispiel dafür, wie schwer in der Frage von zusätzlichen supportiven Maßnahmen manchmal eine Entscheidung zu treffen ist, hat Kohut (1979) mit der 2. Analyse seines Patienten Herrn Z., in der er geänderte Therapietechniken anwandte, vorgelegt. Die 1. Analyse dieses Patienten, die wenig erfolgreich war, stützte sich allein auf klassische Deutungstechniken (diese gehören in diesem Manual zur Klasse der expressiven Behandlungstechniken). In der 2. Analyse erfolgten über die Empathie des Therapeuten zusätzliche supportive Maßnahmen, um das unsichere Selbstwertgefühl des Patienten zu stützen. Viele Interventionen des Therapeuten enthielten eine Form der Anerkennung dafür, wie schwer es für den Patienten gewesen sein muß, die ständige Unterhöhlung seines Selbstwertgefühls in der frühen Kindheitsentwicklung durch seine Eltern zu ertragen. Solche Interventionen enthalten neben der deutenden eine klare supportive Komponente und führten in der 2. Analyse zu einem erfolgreichen Ausgang.

In dem nächsten Beispiel untersuchte die Therapeutin im Rückblick den Fortschritt des Patienten nach der Anfangsphase der Behandlung. Sie gelangte zu der Auffassung, daß die Fortsetzung der gegenwärtigen Therapietechniken den Patienten immer noch weiter beunruhigen und damit einen weiteren Fortschritt verhindern würde. Folgerichtig beschloß sie, weitere supportive Therapiekomponenten hinzunehmen und die Deutungsaktivität etwas zu verringern.

Fallbeispiel: Herr P.

Bei dem Patienten handelt es sich um einen 21jährigen Studenten. Warum er sich in Therapie begeben wollte, war ihm selbst nicht recht klar; er berief sich auf die Meinung „meines Vaters, daß ich jemanden aufsuchen sollte". Er machte sich Gedanken, daß er eine allgemeine hirnorganische Störung haben könnte, denn er klagte über Erinnerungslücken, besonders bezogen auf seine Handlungen am jeweiligen Vortag. Seine Freundin hatte ihm kürzlich mitgeteilt, daß sie einen anderen Mann heiraten würde; doch erst, als er seinem Vater von dieser Trennung erzählte, wurde ihm klar, daß ihn das sehr getroffen hatte. Der Patient hielt sich für „fröhlich" und „gelassen", fragte sich aber bisweilen besorgt: „Bin ich wohl seicht?" Nach der 1. Sitzung veranlaßte die Therapeutin eine neuropsychologische Untersuchung; seine Intelligenz erwies sich als überdurchschnittlich hoch, und es ergab sich kein Hinweis auf eine hirnorganische Störung.

Die Therapie wurde erstmals nach 10 wöchentlichen Sitzungen in der Supervisionsgruppe besprochen. In dieser Zeit hatte der Patient der Therapeutin mitgeteilt, daß er ihr verschwiegen hatte, keine Lehrveranstaltungen mehr besucht zu haben. Er hat Testate versäumt, und sein Tutor hat ihm eine Stelle als Hilfstutor verschafft, um die fehlenden Testate nachholen zu können. Bislang hat er nicht angefangen, für die Testate zu arbeiten. Gewöhnlich kam er mit Verspätung zu den Therapiesitzungen, die durch viele lange Gesprächspausen gekennzeichnet waren.

In der Stunde vor seiner Vorstellung in der Supervisionsgruppe berichtete der Patient einen Traum: „Ich bin in einer Umzäunung mit vielen Frauen. Sie greifen mich an. Ich schieße zurück. Ich glaube, das ist ein guter Traum." Der Patient erklärte daraufhin, daß er in seinem Zimmer illegal 2 Pistolen hatte. Der Therapeutin wurde nun deutlicher, wie sehr sich der Patient von ihr offensichtlich immer mehr bedroht fühlte. Sie machte sich Gedanken darüber, wie sie die Ängste des Patienten verringern könnte, indem sie seine Fähigkeit der Realitätsprüfung und seine Unabhängigkeit von ihr unterstützte: „Wir könnten zwar den Traum besprechen, doch es ist wichtiger, daß Sie nicht alles, was ich sage, einfach so übernehmen. Sie wissen selbst am besten, wie Sie empfinden." In der Supervisionssitzung äußerte die Therapeutin die Sorge, daß ihre Behandlungstechnik die Impulsivität des Patienten anstatt seine „fröhlichen" und „gelassenen" Seiten verstärken könnte, und er schien der Therapeutin gegenüber mißtrauisch zu werden. Zum Schluß der Fallbesprechung in der Supervisionssitzung wurde überlegt, daß eine Ausweitung der supportiven Behandlungstechniken angebracht wäre, da die Angsttoleranz des Patienten nur gering ausgeprägt sei und er nicht gut über sich nachdenken könne; es müßten somit Behandlungstechniken eingesetzt werden, die Regressionen verhindern und sein Anpassungsniveau sichern. Statt die Abwehrbildungen zu analysieren, sollten sie besser weiter gefestigt werden. Es wurde als günstiger angesehen, das „fröhliche" und „gelassene" Selbstbild des Patienten als Abwehrbildung nicht zu verunsichern. Die Therapeutin hatte diese Linie in ihrer (oben dargestellten) Intervention bereits aufgegriffen und damit eine Voraussetzung dafür geschaffen, daß der Patient sie nun als weniger bedrohlich erleben konnte.

Eine bessere Funktionsfähigkeit im Lernbereich müßte auch zu einer Stabilisierung des allgemeinen Anpassungsniveaus beitragen. Deshalb solle dem Patienten in den Therapiesitzungen Gelegenheit gegeben werden, alles zur Sprache zu bringen, was ihn an der Vorbereitung für die notwendigen Testate hindert. Ferner sollten die Therapieziele des Patienten nochmals bestimmt werden. Es wäre wichtig zu wissen, ob er weiterhin die Auffassung des Vaters teile, daß er „jemanden aufsuchen sollte", oder ob er eigene Zielvorstellungen für die Therapie entwickeln könne. Es solle auf das bisher Erreichte zurückgeblickt werden; insbesondere solle ihm mitgeteilt werden, daß erfreulicherweise keine Hinweise für eine hirnorganische Störung vorliegen und er sich deshalb keine Sorgen mehr zu machen brauche. Schließlich solle die Therapeutin dem Patienten sagen, wie lange sie die Therapie bis zur erwarteten Veränderung ihrer Stellensituation voraussichtlich noch werde durchführen können.

In der folgenden Psychotherapiesitzung besprach die Therapeutin mit dem Patienten seine Therapieziele. Da nur eine begrenzte Zeitspanne verfügbar sei, so erläuterte sie, wäre es gut zu wissen, woran er arbeiten wolle.

T: Auf welche Zielvorstellungen möchten Sie hinarbeiten?
P: Ich weiß nicht.
T: Wie hat sich Ihr Studium in letzter Zeit entwickelt?
P: Ich habe nichts getan, so daß es sicher Probleme geben wird.
T: Wollen Sie daran arbeiten?
P: Ja, das möchte ich sehr gern.

Er griff dieses Problem gleich auf mit der Bemerkung, wie sehr er sich überfordert fühle, da er ja nicht gleichzeitig für alle fehlenden Testate arbeiten könne. P. und T. überlegten miteinander, daß er eines nach dem anderen bearbeiten könnte. Der Patient schien deutlich erleichtert zu sein.

Durch diese Neubestimmung der Therapieziele und durch die anderen supportiven Maßnahmen verbesserten sich nach und nach seine Arbeitsauffassung sowie die Art der hilfreichen Beziehung zur Therapeutin. Auch die Therapeutin fühlte sich erleichtert, denn sie konnte jetzt besser verstehen, wie der Patient bis dahin auf sie reagiert hatte, und ihre Interventionen entsprachen nun deutlicher den angemessenen Bedürfnissen des Patienten.

Wie die hilfreiche Beziehung auf seiten des Patienten festgestellt werden kann

Die „hilfreiche Beziehung" (Luborsky 1976) ist eine Bezeichnung für eine Reihe offensichtlich verwandter Phänomene, in denen sich widerspiegelt, in welchem Maße der Patient die Beziehung zum Therapeuten als hilfreich bzw. möglicherweise hilfreich für das Erreichen der Behandlungsziele erlebt. Zwei weitere Begriffe, die sich wahrscheinlich auf dieselben Phänomene beziehen, lauten „therapeutisches Bündnis" (Zetzel 1974) und „Arbeitsbündnis" (Greenson 1973).

Beim Vergleich zahlreicher Äußerungen von Patienten in Psychotherapie, die danach ausgewählt worden waren, inwieweit sie darauf hinweisen, wie der Patient die hilfreiche Beziehung zum Psychotherapeuten erlebt, ergaben sich deutliche Ähnlichkeiten (Luborsky 1976a; Morgan et al. 1982; Luborsky et al. 1983). Diese Äußerungsbeispiele für eine hilfreiche Beziehung konnten von unabhängigen Beurteilern recht zuverlässig eingeschätzt werden und führten zu einer signifikanten Vorhersagbarkeit des Behandlungserfolgs.

Für die Erfassung der Intensität der hilfreichen Beziehung wurden 2 unterschiedliche Beurteilungsmethoden mit den entsprechenden Beurteilungsmanualen entwikkelt: eine globale Beurteilungsmethode (HB-B) für die Beurteilung einer vollständigen Sitzung oder eines Ausschnitts aus einer Sitzung, und eine Zeichen-Zähl-Methode (HB-Z), mit der jedes entsprechende Beispiel („Zeichen") in der Sitzung gezählt wird. Die Beurteilungswerte dieser 2 Methoden korrelierten recht hoch. Da sich mit beiden Methoden der Behandlungserfolg signifikant vorhersagen läßt, sind beide Methoden für eine genauere Erfassung der hilfreichen Beziehung geeignet.

Beide Erfassungsmethoden lenken die Aufmerksamkeit des Beurteilers auf 2 grobe typartige Unterteilungen der hilfreichen Beziehung, die in den Äußerungen von Patienten enthalten sein können: Nach Typ 1 ist der Therapeut hilfreich für den Patienten, und der Patient nimmt diese Hilfe an; nach Typ 2 arbeiten Therapeut und Patient zusammen in dem gemeinsamen Bemühen, dem Patienten zu helfen. Diese 2 Typen der hilfreichen Beziehung sind gewöhnlich eng korreliert, wenn auch Typ 1 im Laufe der Psychotherapie früher auftritt als Typ 2.

Jede Methode hat unterschiedliche Vorteile. Die HB-B-Methode hat den Vorteil einer größeren Einfachheit, weil die Therapiesitzungen aus dem Gedächtnis oder beim Anhören einer Tonbandaufzeichnung nach den Untertypen global eingeschätzt werden können. Die HB-Z-Methode erfordert eine zeitaufwendige Verschriftung der Therapiesitzungen sowie anschließend die notwendige Suche nach jedem einzelnen Texthinweis auf die 2 Untertypen. Die HB-Z-Methode gestattet informativen Aufschluß über die vermutliche Grundlage der globalen Beurteilung nach der HB-B-Methode. Obwohl der HB-B-Wert als Maß für die hilfreiche Beziehung bezeichnet wird, wie es für ein globales Beurteilungsverfahren üblich ist, bleibt dennoch unklar, auf welche Weise der HB-B-Beurteiler zu seiner Einschätzung gelangt; die recht hohe Korrelation zwischen HB-B und HB-Z (in Höhe von z.B. r = 0,83 zwischen positivem HB-Z und HB-B) besagt, daß sich der klinische Beurteiler bei seiner globalen Einschätzung der hilfreichen Beziehung auf ziemlich wörtliche Texthinweise stützt, wie sie in dem HB-Z-Beurteilungsmanual beschrieben sind (Luborsky et al. 1983; Alexander u. Luborsky 1984).

Die 2 Typen der beiden Beurteilungsmethoden lassen sich in weitere Untertypen untergliedern; da die Untertypen der beiden Beurteilungsmanuale einander sehr ähnlich sind, soll hier die Aufstellung der Untertypen nach dem HB-Z-Manual genügen. Typ 1 gliedert sich in 4 Untertypen: 1) Der Patient glaubt, daß der Therapeut oder die Therapie ihm hilft. 2) Der Patient verspürt eine Änderung seit dem Beginn der Therapie. 3) Der Patient fühlt sich vom Therapeuten verstanden. 4) Der Patient empfindet Zuversicht und Vertrauen, daß der Therapeut und die Therapie ihm helfen können. Typ 2 gliedert sich in 3 Untertypen: 1) Der Patient erlebt in dem gemeinsamen Bemühen eine Zusammenarbeit mit dem Therapeuten. 2) Der Patient hat hinsichtlich der Gründe für seine Probleme ähnliche Vorstellungen wie der Therapeut. 3) Der Patient zeigt in manchen Eigenschaften eine Ähnlichkeit mit dem Therapeuten, besonders hinsichtlich der Fähigkeit, die therapeutischen Hilfsmittel für ein besseres Verständnis zu nutzen.

Die HB-Z-Methode führte zu einem unerwarteten Zugewinn an Verständnis für den unterschiedlichen Vorhersagewert der positiven und der negativen Zeichen für eine hilfreiche Beziehung. Früh in der Therapie auftretende Zeichen für eine positive hilfreiche Beziehung stellten sich als signifikante Prädiktoren für den späteren Therapieerfolg heraus, während sich die negativen Zeichen als sehr viel weniger zuverlässige Prädiktoren erwiesen. Dieses Ergebnis zum Vorhersagewert der früh auftretenden positiven Anzeichen für eine hilfreiche Beziehung sollte die Anhänger der klinischen Mär, daß frühe positive Beziehungen nur als ein „Flitterwochenphänomen" anzusehen sind, zum Nachdenken veranlassen. Offensichtlich könnte auch in der Psychotherapie gelten, ähnlich wie in Liebesbeziehungen, daß ein „Ja" (d.h. ein positives Zeichen) „Ja" heißt, während ein „Nein" „vielleicht" bedeutet. „Nein" wird hier mit negativen Zeichen für die hilfreiche Beziehung gleichgesetzt, die ja nur einen recht geringen Vorhersagewert aufweisen: Einige dieser Patienten wurden später positiv und zeigten eine gute Besserung, während andere negativ blieben und sich nicht verbesserten. Darüber hinaus wird hiermit ein behandlungstechnisches Prinzip nahegelegt. Negative Anzeichen für die hilfreiche Beziehung bedeuten keineswegs notwendigerweise, daß die Therapie nur ein erfolgloses Ende nehmen kann, sondern vielmehr, daß der Therapeut in seiner Arbeit diese negativen Aspekte besonders beachten sollte, weil diese möglicherweise zu den allgemeineren Beziehungsproblemen des Patienten gehören. Dieses behandlungstechnische Prinzip steht offensichtlich in Einklang mit Freuds (1912a) Empfehlung, daß die milde positive Übertragung als „Trägerin des Erfolges" (S. 371) hingenommen und die negative Übertragung gedeutet werden sollte.

Wie die hilfreiche Beziehung im Erleben des Patienten gefördert werden kann

Gewöhnlich entwickelt sich für den Patienten die Erfahrung einer hilfreichen Beziehung durch die Gegenwart des Psychotherapeuten, der seine Aufgabe erfüllt. Der Patient nimmt das Bemühen des Therapeuten, ihm zu helfen, wahr und hat dann auch das Gefühl, daß ihm geholfen wird, und ein gutes Arbeitsbündnis bildet sich aus.

Bisweilen benötigt die hilfreiche Beziehung jedoch eine zusätzliche Förderung, und der Therapeut beschließt, daß dies mit Hilfe von nichtexpressiven Behandlungstechniken erfolgen muß. Welche Behandlungstechniken können für diesen Fall angewandt werden? Nützliche Hinweise hierfür lassen sich aus den HB-Z-Untertypen gewinnen, wenn diese in entsprechende Empfehlungen für therapeutische Interventionen umformuliert werden. Die folgende Zusammenstellung der vorgeschlagenen Therapeuteninterventionen wurde auf diese Weise abgeleitet.

Interventionen nach Typ 1 (der Patient erlebt den Therapeuten als hilfreich und nimmt die Hilfe an)

1) Vermittle dem Patienten durch Sprache und Verhalten die Unterstützung in seinem Bestreben, die Behandlungsziele zu erreichen

Die Betonung muß stets bei dem Patienten liegen, weil im wesentlichen *er* die Zielvorstellungen der Behandlung bestimmt hat.

Beispiel:

T: Zu Beginn der Therapie nannten Sie die Verringerung Ihrer Ängste als Ziel der Behandlung. Wie Sie feststellen, arbeiten wir wirklich gemeinsam auf dieses Ziel hin.

2) Vermittle dem Patienten ein Gefühl von Verständnis und Akzeptanz

Freud (1913a) empfiehlt einen „Standpunkt der Einfühlung" als eine nützliche und hilfreiche Einstellung dem Patienten gegenüber im Gegensatz zu einer „moralisierenden" Haltung oder dem Beharren auf einer bestimmten Sichtweise.

3) Entwickle Sympathie für den Patienten

Die Sympathie des Therapeuten für den Patienten ist für die Entwicklung einer hilfreichen Beziehung häufig nützlich; letztere wiederum ist eng mit dem Behandlungserfolg verbunden. Diese Verbindung hat sich beispielsweise bei Sloane et al. (1981) herausgestellt. Da jedoch dort die Einschätzung der Sympathie erst zum Ende der 4monatigen Therapie vorgenommen wurde, kann nicht ausgeschlossen werden, daß die Therapeuten jene Patienten, die sich gebessert hatten, besonders gern mochten. Das Umgekehrte ist jedoch noch wahrscheinlicher: daß die Sympathie für den Patienten Auswirkungen auf seine Besserung hatte. In 3 von 5 verschiedenen Untersuchungen, in denen die Vorhersage des Behandlungserfolgs zu Beginn der Therapie erfolgte, erwies sich die Sympathie als ein wichtiges Vorhersagekriterium (Luborsky et al., im Druck).

Gelegentlich mag der Therapeut den Patienten unsympathisch finden. Bei näherem Hinsehen stellt der Therapeut oft fest, daß es sich hierbei um ein Gegenübertragungsproblem bei ihm handelt. Worin die Abneigung auch immer begründet sein mag, der Therapeut kann ein Korrektiv hierfür in dem Vorschlag von Jan Frank finden (persönliche Mitteilung, 1951): „Wenn man sich bemüht, kann man immer irgendeinen Aspekt beim Patienten entdecken, den man mag und gut findet. Es ist nützlich, sich auf die Suche zu begeben und solche Aspekte herauszufinden." Eine andere Möglichkeit der Entwicklung von Sympathie oder zumindest von Einfühlung besteht in der erneuten Formulierung der Beziehungsprobleme des Patienten; indem sich der Therapeut um ein Verständnis für die Probleme bemüht, mit denen sich der Patient befassen muß, entwickelt er häufig ein besseres Gefühl von Akzeptanz und Sympathie.

4) Hilf dem Patienten dabei, notwendige Abwehrformen und Handlungen beizubehalten, die seine Lebenstüchtigkeit fördern

Eine nützliche Möglichkeit, unterstützende Bedingungen zu schaffen, besteht darin, die Stärken des Patienten, besonders diejenigen Fähigkeiten, wirksamen Abwehrformen und Handlungen, die sich integrativ auswirken, zu berücksichtigen und zu versuchen, diese durch die Therapie weiter zu fördern (Gill 1951). Wenn der Patient beispielsweise versucht, eine Arbeitsstelle zu finden oder zu behalten oder seine Ausbildung abzuschließen, so sollte der Therapeut gemeinsam mit dem Patienten bereitwillig alle Einflüsse untersuchen, die sich solchen Bemühungen entgegenstellen könnten. Diese Behandlungsempfehlung ist von besonderer Bedeutung für Patienten, die schwer krank sind, sich in einem labilen Gleichgewicht befinden, zur Regression neigen und expressive Behandlungstechniken nicht nutzen können.

Beispiel:

T: Mir fällt auf, daß Sie zu Ihrem Wohlbefinden beitragen, indem Sie sich darüber Gedanken machen, wie Sie mit Ihrer Arbeit besser zurechtkommen können (oder wie Sie die Ausbildung durchhalten können).

5) Vermittle dem Patient die realistisch zuversichtliche Einstellung, daß die Behandlungsziele wahrscheinlich zu erreichen sind (oder zumindest die Bereitschaft, zu ihrem Erreichen beizutragen)

Bezüglich der zukünftigen Entwicklung des Patienten im Laufe der Psychotherapie zuversichtlich zu sein, ist nicht nur eine realistische, sondern oft auch eine wohltuende Einstellung. Erfahrene Psychotherapeuten haben die günstigen Auswirkungen einer solchen Einstellung immer wieder beobachtet, z.B. Frank (1968), French u. Wheeler (1963) und Menninger (1942, 1963). Viele Patienten suchen eine Psychotherapie in Zeiten, in denen ihnen die Probleme über den Kopf zu wachsen drohen und sie entmutigt und niedergeschlagen sind. Das Fehlen von Zuversicht macht es dem Patienten noch schwerer, doch die Vermittlung von Zuversicht macht es wahrscheinlicher, daß der Patient die Möglichkeiten für eine Besserung weiterhin verfolgt und damit die Besserungsaussicht erhöht. Positive Erwartungen und Zuversicht sind allgemeine Vorhersagekriterien für den Psychotherapieerfolg: In 5 von 7 Untersuchungen hat sich dies als zutreffend erwiesen (Luborsky et al., im Druck).

Beispiel: Frau N. M.

P: Jedesmal, wenn ich etwas für mich tun will, passiert etwas Schlimmes. Ich habe einen neuen Heimweg von der Arbeit ausprobiert und bin überfallen und beinahe ausgeraubt und vergewaltigt worden; ich bin nun entmutigt und ratlos und weiß nicht recht, was aus mir noch werden soll.

T: Es fällt Ihnen schwer, solche Versuche fortzusetzen, weil Sie eine Verbindung herstellen zwischen dem Bemühen, auf sich aufzupassen, und der Erfahrung, daß Ihnen dann schlimme Dinge passieren.

In der Bemerkung des Therapeuten ist die Überlegung enthalten, daß die vom Patienten hergestellte Verbindung nicht zwingend ist. Da es sich also um eine fragwürdige Verbindung handelt, kann der Patient seine Bemühungen fortsetzen. Somit hat der Therapeut dem Patienten im wesentlichen eine zuversichtliche Einstellung vermittelt.

Des Patienten und des Therapeuten Hoffnung und Zuversicht zu bewahren, ist durchaus realistisch und wird unterstützt durch die Befunde aus sog. Metaanalysen, in denen die Ergebnisse aus vielen Untersuchungen zusammengefaßt werden. Diese Untersuchungen bestätigen die Auffassung, daß die Mehrzahl der Patienten einige ihrer Zielvorstellungen in der Psychotherapie tatsächlich erreichen – es geht ihnen tatsächlich besser (Bergin u. Lambert 1978; Luborsky et al. 1975; Luborsky et al., im Druck; Smith et al. 1980). Somit ist eine zuversichtliche Einstellung glücklicherweise gerechtfertigt. In früheren Zeiten, als Patienten und Therapeuten noch korrekt gekleidet waren, machte die folgende kleine Geschichte in der Menninger Foundation die Runde: Nachdem eine Besucherin der Foundation der Empfangsdame ihre äußerst angenehmen Eindrücke während ihres Besuchs geschildert hatte, erkundigte sie sich schließlich: „Wie können Sie nur Patienten und Therapeuten unterscheiden? Sie sehen doch alle gleich aus." Die Empfangsdame: „Die Patienten bessern sich." Diese Anekdote spiegelt das erfreuliche Schicksal der meisten Psychotherapiepatienten wider, denen es Laufe der Psychotherapie tatsächlich besser geht. Irgendjemand muß aber wohl den Eindruck gehabt haben, daß die Therapeuten in dieser Anekdote schlecht davonkommen, denn man hörte später eine Fortsetzung: Dieselbe Besucherin kam am nächsten Tag wieder und führte die Unterhaltung mit der Empfangsdame fort: „Sie können nur sehr wenige Therapeuten kennen. Ich habe mich mit anderen Klinikmitarbeitern unterhalten und dabei festgestellt, daß sich die meisten Therapeuten ebenfalls in Psychotherapie befinden; also bessern sie sich doch auch."

Zwei weitere Forschungsansätze unterstützen die empirisch-rationale Begründung für eine zuversichtliche Einstellung gegenüber dem Erfolg der Psychotherapie. Obwohl bei den meisten Patienten eine Besserung erwartet werden kann, läßt doch die Genauigkeit der Vorhersage des Behandlungserfolgs im Einzelfall sehr zu wünschen übrig (Luborsky et al. 1980). Beispielsweise wäre es dem Therapeuten von Frau L. sehr schwer gefallen, im 1. Behandlungsjahr mit nur sehr geringen Fortschritten den Behandlungserfolg vorherzusagen. Zum Glück machten Therapeut und Patientin weiter, und die Patientin erreichte schließlich eine beeindruckende, entscheidende Bewältigung der schweren Depression, die sie seit vielen Jahren niedergedrückt hatte. Ähnlich konnte nachgewiesen werden, daß Texthinweise beim Patienten auf eine negative hilfreiche Beziehung zu Behandlungsbeginn den Behandlungserfolg nicht vorherzusagen gestatten, während entsprechend positive Texthinweise durchaus den Behandlungserfolg vorhersagen können.

Manchmal fällt es dem Therapeuten schwer, eine zuversichtliche Einstellung auch dann noch beizubehalten, wenn eine längere Behandlungsphase ohne jeden Fortschritt eintritt. Mehrere erprobte und hilfreiche Empfehlungen stehen hierfür dem Therapeuten in seiner Arbeit zur Verfügung:

1) Bedenke, daß solche Phasen von Zeit zu Zeit unvermeidlich sind. Fortschritte ereignen sich oft in Sprüngen und nicht in einer gleichmäßigen Entwicklung.
2) Vertraue darauf, daß Therapeut und Patient schließlich herausfinden werden, was den fehlenden Fortschritt bewirkt.
3) Besprich solche längeren Behandlungsphasen ohne jeden Fortschritt mit einem Kollegen. Dieser Hinweis kann sich selbst für sehr erfahrene und kompetente Kliniker als nützlich erweisen.
4) Wenn ein Therapiestillstand anhält, dann ziehe in Betracht, den Patienten an einen anderen Therapeuten zu verweisen, oder lasse den Patienten sich für einen anderen Therapeuten entscheiden.

6) Anerkenne bei geeigneter Gelegenheit, daß der Patient seinen Behandlungszielen schon nähergekommen ist

Die hilfreiche Beziehung, die sich üblicherweise im Laufe der Therapie entwickelt, kann bei geeigneter Gelegenheit zusätzlich gefördert werden durch die Hervorhebung von Anzeichen, die auf einen Behandlungsfortschritt hindeuten. Die Behandlungsziele werden schließlich nicht mit einem einzelnen Sprung erreicht, sondern eher Schritt für Schritt mit gelegentlichen Ruhepausen, die einen Blick darauf gestatten, wie weit man bereits gekommen ist. Um die Motivation des Patienten aufrechtzuerhalten, ist es oft von großem Nutzen, Kernpunkte in der Behandlung zu beachten, von denen aus ein Blick auf die bereits zurückgelegte Strecke geworfen werden kann. Die vielen Meilensteine auf der Wanderung können ebenfalls von großer Bedeutung sein, nicht nur das Erreichen des Ziels.

Beispiel:

T: In Ihrer Bemerkung eben ist mit enthalten, daß Sie sich weniger niedergeschlagen und deprimiert fühlen als zu Beginn der Therapie. Sie sind Ihrem Behandlungsziel also etwas näher gekommen.

Besonders bei einer zeitlich festgelegten Psychotherapie ist es oft nützlich, einige solcher erreichten Teilziele in Übereinstimmung mit dem Patienten festzuhalten, um auf diese als Meilensteine der Behandlung später hinweisen zu können, wenn das Behandlungsende bevorsteht und die Therapieziele noch nicht völlig erreicht sind.

Beispiel (Frau N., 32 Jahre alt):

Im Laufe der Psychotherapie stellten Frau N. und der Therapeut mehrmals gemeinsam fest, daß sich ihre Arbeitseinstellung und -zufriedenheit deutlich gebessert hat, obwohl die wesentlichen Behandlungsziele noch nicht erreicht waren. Und selbst hinsichtlich der wesentlichen Behandlungsziele sind einige Fortschritte erzielt worden: Sie hatte zwar immer noch Angst vor Männern, die sich für sie interessierten, und sie war immer noch auf dem Sprung wegzulaufen; doch ihre Ängstlichkeit ist merklich geringer geworden.

7) Rege den Patienten an, seine Gedanken und Gefühle im Zusammenhang mit bestimmten Themen auszudrücken

Dies ist für jene Themenbereiche besonders nützlich, in denen der Patient einer Hilfestellung bedarf. Bisweilen läßt sich eine solche Anregung am besten vermitteln, indem die Zurückhaltung von Gedanken und Gefühlen sowie der thematische Bereich, bei dem dies auftritt, hervorgehoben werden.

Interventionen nach Typ 2 (Therapeut und Patient arbeiten zusammen in dem gemeinsamen Bemühen, dem Patienten zu helfen)

1) Fördere ein „Wir-Bündnis"

Sobald der Therapeut eine hilfreiche Beziehung zum Patienten spürt, wird sich dies auch verdeutlichen und zu ihrer weiteren Entwicklung verwenden lassen. Der Therapeut kann seine Wahrnehmung eines solchen Wir-Bündnisses dem Patienten auf direkte oder indirekte Art mitteilen, beispielsweise durch die Verwendung des Pronomens „Wir", wie es in den Fallbeispielen dieses Kapitels veranschaulicht ist.

2) Vermittle dem Patienten deine Achtung und Wertschätzung

Das ist das Gegenteil von Verhaltensweisen, die dem Patienten das Gefühl von Herabgesetztsein oder von Demütigung geben könnten (beispielsweise Humor oder Ironie auf Kosten des Patienten)

3) Vermittle dem Patienten Anerkennung für seine zunehmende Fähigkeit, die grundlegenden Instrumente der Behandlung ähnlich wie der Therapeut zu benutzen

Der Therapeut erkennt offen an, daß der Patient die Fähigkeit entwickelt, sich selbst genauer zu beobachten, wie es auch der Therapeut tut.

Beispiel:

T: Ja, Sie haben nun erfahren, wie wir in der Therapie arbeiten. Sie und ich, wir verfolgen beide dieselben Vorstellungen und arbeiten mit denselben Grundlagen. (Das ist gleichzeitig ein Beispiel für ein „Wir-Bündnis")

Beispiel:

Die folgende Therapeutenintervention ist ein Beispiel für das Einfühlungsvermögen des Therapeuten in das Bedürfnis des Patienten, in seinen eigenen Worten auszudrücken, wie er es verstanden hat. Der Therapeut hatte gerade in mehreren Bemerkungen ausgedrückt, wie er die Darstellung des Patienten verstanden hat; zwar nickte der Patient jedesmal zustimmend, aber doch irgendwie mechanisch.

T: Mir ist aufgefallen, daß Sie bei meinen letzten Bemerkungen jedesmal zustimmend genickt haben. Ich habe den Eindruck, daß Sie zwar meine Auffassung teilen; vielleicht möchten Sie aber lieber in Ihren Worten sagen, wie Sie Ihre Bemerkung eben verstanden haben; und dazu möchte ich Sie gern ermuntern.

4) Weise auf Erfahrungen hin, die Patient und Therapeut in der Therapie gemeinsam gemacht haben

Auf diese Weise können Patient und Therapeut einen vertrauten, verbindenden Schatz an gemeinsamen Erfahrungen aufbauen.

Beispiel:

T: Ihnen und mir sind solche Probleme ja schon bekannt. Es geht um dasselbe Problem, das wir schon im Zusammenhang mit (... ein anderes Ereignis, mit dem beide bereits vertraut sind ...) besprochen haben.

5) Beteilige dich an dem gemeinsamen Bemühen um Verständnis

Auf den ersten Blick erscheint es vielleicht unangebracht, das gemeinsame Bemühen um Verständnis unter dem Aspekt der supportiven Behandlungstechniken abgehandelt zu finden. Immerhin sind die Behandlungstechniken in diesem Psychotherapiemanual nach der Zweiteilung in supportive und expressive Techniken strukturiert, wobei das Verstehen als Teil der expressiven Techniken (s. Kap. 6) dargestellt wird. Allerdings kann das Bemühen um Verständnis oft in einer Art und Weise verwirklicht werden, die den Patienten nicht nur nicht verstört, sondern sich als ausgesprochen supportiv erweist. Das Bemühen um Verständnis (und bisweilen wird es ja auch erreicht) kann eine ganz wichtige supportive Bedeutung für den Patienten gewinnen. Neben dem unmittelbaren Nutzen des Verständnisses für den Patienten kann es vom Therapeuten und vom Patienten als Anzeichen für den Fortschritt in der gemeinsamen therapeutischen Arbeit angesehen werden.

6 Expressive Behandlungstechniken: Zuhören und Verstehen

Die in diesem Kapitel dargestellten Behandlungstechniken werden „expressiv" genannt, weil der Therapeut dem Patienten hilft, seine Gedanken und Gefühle auszudrücken und über diese mit dem Ziel eines besseren Verständnisses nachzudenken und eine Änderung zu erreichen, wo es notwendig ist. Über solche Behandlungstechniken ist schon sehr viel geschrieben worden, bilden sie doch das Kernstück jeder analytischen Psychotherapie. Eine der üblichen Empfehlungen für die Anwendung solcher Techniken (Wallerstein et al. 1956) besagt, daß dem Patienten so viel an expressiver Behandlungstechnologie zur Verfügung gestellt werden soll, wie er vertragen kann. Der Umfang der eingesetzten expressiven Techniken wird von der Ich-Stärke und Angsttoleranz des Patienten in Verbindung mit seiner Fähigkeit, über seine zwischenmenschlichen Beziehungen nachzudenken, abhängen.

Der Prozeß des Verstehens: die 4 Phasen

Ein Großteil der Zeit, die der Therapeut mit dem Patienten in der Sitzung verbringt, sollte in erster Linie der wesentlichen Aufgabe gewidmet sein: darauf zu achten, was der Patient mitteilt (Zuhören); seine Mitteilungen einzuordnen und zu bewerten (Verstehen); und dann zu entscheiden, wie das gewonnene Verständnis dem Patienten mitgeteilt wird (Intervention). Der Therapeut gestaltet den Vorgang des Verstehens als ein Alternieren zwischen diesen 3 Phasen und einer weiteren: Zuhören, Verstehen, Intervention und erneutes Zuhören. In der folgenden Übersicht sind die wesentlichen Merkmale jeder Phase zusammengefaßt:

Phase 1 (Zuhören): Höre mit offener Aufnahmebereitschaft zu, was der Patient sagt. Wenn du nicht sicher bist, um was es dem Patienten gerade geht und welches die nächste Intervention sein soll, so höre weiter zu, und du wirst es herausfinden.

Phase 2 (Verstehen): Das Verstehen wird sich von Zeit zu Zeit einstellen, doch ist Geduld oft notwendig. Ein Verständnis entwickelt sich, indem die Absichten, Wünsche und Bedürfnisse des Patienten und deren Konsequenzen deutlicher werden, besonders im Hinblick auf den hauptsächlichen Leidensbereich mit den wesentlichen Symptomen und dem zentralen Beziehungsthema, einschließlich der Beziehung zum Therapeuten.

Phase 3 (Interventionen): Teile dem Patienten in geeigneter, für ihn verständlicher und annehmbarer Weise mit, was du nach Phase 1 und 2 verstanden hast. Beschäftige dich nicht so sehr damit, in welcher Weise du etwas sagst, als vielmehr damit, wie der Patient die Intervention aufnehmen kann.

Phase 1' (erneutes Zuhören): Mache dich innerlich frei, erneut mit einer offenen Einstellung zuzuhören; achte aber gleichzeitig auch auf eventuelle Reaktionen des Patienten auf deine vorangegangene Intervention.

Phase 1: Zuhören

Es gibt verschiedene Arten des Zuhörens entsprechend den Situationen, die eine Phase des Zuhörens erfordern:

1) Eine solche Situation entsteht zu Beginn der Sitzungen, wenn der Therapeut unvoreingenommen zuhört und jedwede Hypothese, die er im Sinn gehabt haben mag, außer acht läßt. In dieser Phase ist die Aufmerksamkeit offen und nicht reflexiv; Freud (1912b) kennzeichnete diese Art der Aufmerksamkeit als „gleichschwebend". Im Zusammenhang mit der Empfehlung einer solchen Aufmerksamkeitseinstellung sagte Freud (1912b, S. 377): „Man höre zu und kümmere sich nicht darum, ob man sich etwas merke." Der Therapeut hat unvermeidlich irgendwelche Voreinstellungen – und oft erweisen sich diese auch als nützlich – die auf all dem Wissen und den Hypothesen beruhen, die der Therapeut über den Patienten erworben hat; dennoch sollten solche Voreinstellungen als vorläufig angesehen werden, um sich für eventuelle neue Erfahrungen offenzuhalten.
Die Tatsache, daß diese Behandlungsmethode psychoanalytisch orientierte Psychotherapie genannt wird, bedeutet nicht, daß der Therapeut nach einer bestimmten Dynamik Ausschau hält; im Gegenteil, diese Methode fördert eine empirische, auf Erfahrung gerichtete Einstellung, offen alles zu hören, was vom Patienten mitgeteilt wird. Andernfalls kann das konzeptionelle Modell des Therapeuten, ob es nun seine Theorie der Psychotherapie oder die Theorie der Psychodynamik ist, ein Hindernis für das Zuhören sein. Erst nach einem solchen Zuhören kann dem Therapeuten dann manchmal auffallen, daß die Mitteilung des Patienten in eine spezielle Theorie hineinpaßt; und er sollte nicht versuchen, die Einpassung in ein konzeptionelles Schema zu erzwingen.

2) Eine andere Art des Zuhörens stellt sich ein, sobald der Therapeut eine brauchbare Arbeitshypothese zu entwickeln genötigt ist, um ein wichtiges Behandlungsproblem handhaben zu können. Hierbei handelt es sich um Situationen, in denen der Therapeut einen Druck verspürt, solche Hypothesen als eine Grundlage für hilfreiche Interventionen zu bilden. Mit einer solchen Einstellung bewahrheiten sich die Hypothesen dann auch oft.

Trotzdem mögen sich manche Therapeuten zu einer Intervention gezwungen fühlen, ehe sie die Mitteilung des Patienten richtig verstanden haben, und deshalb wird die Intervention oft daneben liegen. Freud (1912b, S. 377) fügt als Beruhigung für den Therapeuten eine Ergänzung an: „Man darf nicht darauf vergessen, daß man ja zumeist Dinge zu hören bekommt, deren Bedeutung erst nachträglich erkannt wird." Es handelt sich um eine natürliche Eigenart psychotherapeutischer Prozesse, daß der Therapeut die Mitteilungen des Patienten zu manchen Zeiten noch nicht verstehen kann. Das hieraus entstehende Unbehagen des Therapeuten läßt sich in der Gewißheit handhaben, daß ein Verständnis, das sich bisher noch nicht eingestellt hat, durch weiteres Zuhören schon noch kommen wird.

3) Eine 3. Art des Zuhörens gewinnt dann Bedeutung, wenn der Therapeut eine Hypothese überprüfen will. In solchen Situationen achtet der Therapeut beim Zuhören besonders darauf, inwieweit die Mitteilungen des Patienten zu der Hypothese passen. Diese Art des Zuhörens ermöglicht dem Therapeuten, seine Hypothese zu bestätigen, zu widerlegen oder zu verändern.

Zusammenfassend macht das Zuhören in all seinen Formen einen wesentlichen Teil der psychoanalytisch orientierten Psychotherapie aus. Im Unterschied zu manchen anderen Psychotherapieformen muß der analytische Psychotherapeut genau hinhören, um Anhaltspunkte für seine Interventionen zu bekommen, weil er eben nicht eine vorher schon festgelegte Botschaft hat. Die besondere Bedeutung des Zuhörens in der analytischen Psychotherapie sei durch eine kleine Geschichte aus dem Talmud unterstrichen: Ein junger Rabbi fragt einen älteren: „Wie kommt es, daß wir zwei Ohren haben und nur einen Mund?" Antwortet der ältere Rabbi: „Weil es vorgesehen war, daß wir zweimal so viel hören sollen als wir sprechen." (Für den Hinweis auf diese nette kleine Illustration danke ich Dr. Merton Gill.)

Phase 2: Verstehen

Die verschiedenen Formen des Zuhörens, wie sie in der Phase 1 beschrieben worden sind, stellen wesentliche Voraussetzungen für die Phase 2 dar, in der ein Verständnis erzielt werden soll. In der Phase 2 nimmt der Therapeut verstärkt eine reflexive, bewertende und verstehende Einstellung ein, soweit sich Hinweise und Hypothesen zu entwickeln beginnen. Der Vorteil, der sich aus einer veränderten Art des Zuhörens ergeben kann, wurde von Spence u. Lugo (1972) experimentell nachgewiesen. Therapeut und Patient gewinnen schließlich immer mehr Verständnis für die 2 wesentlichen Facetten in den Mitteilungen des Patienten: 1) die wichtigsten Symptome und der seelische Leidensdruck und 2) ihre Bedeutungen hinsichtlich zwischenmenschlicher Beziehungen. Eine solche Verbindung zu zwischenmenschlichen Beziehungen ergibt sich aus inneren und äußeren Bedingungen, die die Symptome und das seelische Leiden auslösen und aufrechterhalten. Bei den inneren Bedingungen handelt es sich um Varianten des zentralen konflikthaften Beziehungsthemas; bei den äußeren Bedingungen geht es um Verhaltensweisen anderer Menschen, die offensichtlich in das Schema des zentralen Beziehungskonfliktthemas hineinpassen.

Besonders in den zeitlich festgelegten Formen der analytischen Psychotherapie ist es notwendig, bereits während der ersten Sitzungen die wesentliche Beziehungsthematik oder wenigstens Teilaspekte davon zu bestimmen, denn dies soll ja der Fokus der therapeutischen Bemühungen werden. Der Weg, zu einem Verständnis des zentralen Beziehungsthemas zu kommen, wird von manchen als ein vollständig intuitiver Prozeß gesehen (z. B. Mann 1973), doch es gibt einige klare Regeln, um solche Intuitionen lenken zu helfen:

Prinzip 1: Verstehe die Symptome im Zusammenhang mit Beziehungen

Das Auftreten von Symptomen oder Hinweise auf Leiden und subtile Veränderungen darin im Verlauf einer Sitzung sollen für Therapeut und Patient ein Fokus der Aufmerksamkeit werden. Die naheliegende Begründung für eine solche Fokussierung lautet, daß der Patient zur Psychotherapie kommt, um Hilfe für diese Symptome und andere Probleme zu bekommen, die ihm seelisches Leiden verursachen oder ihn einschränken. Zu allererst sollten Therapeut und Patient also darauf achten, die Symptome zu identifizieren, das sie begleitende Leiden zu erkennen und zu verstehen, wie sie zustande kommen.

Da das Wort „Symptom" als einer der Knotenpunkte benutzt wurde, auf den sich die Aufmerksamkeit des Therapeuten fokussieren sollte, muß es genau definiert werden. „Symptom" wird hier definiert in einem weiten Sinn (wie Freud 1926 es sagt) als eine Fehlfunktion einer in der Regel intakten Funktion oder Fähigkeit. Zum Beispiel ist ein momentanes Vergessen eine Fehlfunktion des Gedächtnisses in dem Sinne, daß wir in der Regel jene Gedanken erinnern können, die wir gerade äußern wollen. Solche Symptome und die sie begleitenden Emotionen, meist Angst und Depression, wie auch Veränderungen darin, treten gewöhnlich in den meisten Sitzungen auf.

Unterstützung für diese Empfehlung, das Verständnis auf Symptome und die sie begleitenden Emotionen zu zentrieren, kommt nicht nur von der klinischen Erfahrung, sondern auch von klinisch-quantitativer Forschung mit der sog. Symptom-Kontext-Methode. Diese Methode wurde auf Symptome angewendet, die wiederholt während Psychotherapiesitzungen auftreten, wie z.B. momentanes Vergessen (Luborsky 1967, 1970; Luborsky et al. 1979), Kopfschmerzen und Magenschmerzen (Luborsky u. Auerbach 1969), Petit-mal-Anfälle (Luborsky et al. 1975) und auslösende Faktoren von depressiven Zuständen (Luborsky et al. 1984). Es folgen 2 Beispiele von verschiedenen Patienten.

Beispiel: Frau N.

Der Therapeut bemerkte, daß die Patientin häufig mit tiefer Traurigkeit reagierte, sobald er Bezug auf ihr attraktives Aussehen nahm. In dieser Sitzung und in vielen anderen konnte herausgestellt werden, daß die Traurigkeit daher kam, daß sie sich dann daran erinnert fühlte, niemals solche Anerkennung von ihrem Vater bekommen zu haben, dem sie sowohl Zuneigung als auch Ablehnung entgegenbrachte. Die Ablehnung ergab sich aus der überwältigenden Furcht, daß sie für immer von dieser Art von Wertschätzung und Nähe mit einem Mann ausgeschlossen wäre, weil einen Mann zu haben für sie das bedeuten würde, was es für ihre Mutter bedeutet hat: daß sie es aushalten müßte, ihre Stärke und ihr Wissen ihrem Mann zuliebe verbergen zu müssen. Die Mutter verhielt sich im Gegensatz zum Vater durchweg warm und unterstützend ihr gegenüber. Diese Beziehungsprobleme erwiesen sich als entscheidend für die Aufrechterhaltung der Hauptsymptomatik: die Unfähigkeit, eine ernsthaftere Partnerschaft zu ertragen.

T: Jedesmal, wenn ich feststelle und anspreche, daß Sie attraktiv aussehen oder daß Sie gut mit Ihrer Arbeit zurechtkommen, werden Sie traurig und beginnen zu weinen.
P: (weint) Ich empfinde mich aber überhaupt nicht als anziehend. Ich glaube, daß ich nicht ankomme. Mein Vater konnte es nicht ausstehen. Einmal habe ich in einem Wettkampf einen Preis gewonnen, und alles, was er sagen konnte, war, daß der Wettkampf nicht sehr bedeutend war. Er machte genau das gleiche bei meiner Mutter; sie mußte seinetwegen sogar ihren Wortschatz einschränken.
T: Und somit haben Sie einige altbewährte Gründe, um mir gegenüber so zu empfinden.

Beispiel: Frau L.

In den ersten 10 Minuten sprach sie mit Begeisterung über ihre verschiedenen Aktivitäten, z.B. über ihre Beteiligung an einem Forschungsprojekt. Dann begann ihre Stimmung sich zu ändern. Die Begeisterung verlor sich, und ihre Sprache wurde langsamer:

T: Was ist gerade los?
P: Ich wurde depressiv, als ich spürte, daß Sie Ihr Interesse verloren haben und ich mich deshalb isoliert fühlte und nichts daran ändern konnte.
T: Zunächst hatten Sie den Eindruck, daß ich durchaus interessiert war.
P: Ja, aber dann haben Sie Ihr Interesse verloren. Das ist bei den Leuten meistens so. So war es auch, als ich der Klasse von der Diabetesforschung einer Frau erzählte. Und dann kam ein Mann daher, der so tat, als ob er der erste gewesen wäre, der einen solchen Beitrag geleistet hätte, er konnte den gleichen Effekt bei Tieren zeigen.
T: Somit haben Sie also diesen ganzen Ablauf erfassen können, der mit Ihrem guten Gefühl begonnen hat, und dann haben Sie den Eindruck gehabt, daß ich weniger interessiert war, und Sie wurden verstimmt und fühlten sich alleingelassen.
P: Ja, ich hatte das Gefühl, als ob ein Schatten sich auf meine Gedanken legen würde. Ich stelle es mir richtig körperlich vor. Ich habe entdeckt, daß ein Weg, mich da rauszuziehen, der wäre, wieder aktiv zu werden, und das funktioniert auch.

Die Patientin beginnt sehr lebhaft über die Geschichte der Diabetesforschung zu erzählen.

In dem Beispiel bezog sich der Therapeut auf die Veränderung der Patientin von Spontaneität und Enthusiasmus hin zu Langeweile und Depression – und damit hin zu den anfänglichen Hauptsymptomen. Dieser Wechsel konnte hinsichtlich des zentralen Beziehungsproblems schließlich verstanden werden. Sie befürchtete, dem Therapeuten ihre Spontaneität zu zeigen; sie hatte ebenso viel Angst, sie ihrem Freund und früher schon ihren Eltern zu zeigen. Es war die zentrale Frustration, die sie während ihrer Kindheit erlebt hatte. Sie hatte das Gefühl, daß das, was sie sich wünschte, nicht so wichtig war verglichen mit der empfundenen Notwendigkeit, sich als ruhiges und unauffälliges Kind zu zeigen. Wenn sie auf ihren Wünschen beharrte, hatte sie das Gefühl, die Eltern, besonders den Vater, zu verletzen, den sie als fragil und depressiv empfand, und sie entwickelte dann ständig Schuldgefühle.

Prinzip 2: Achte auf Gefühls- und Stimmungsschwankungen

Kleinere Änderungen des affektiven Tonus beim Patienten innerhalb der Sitzungen weisen unter Umständen auf Änderungen in größeren Zusammenhängen hin. Solche größeren Zusammenhänge mögen sich z.B. im Rahmen der „Konfigurationsanalyse" (Horowitz 1979) oder als „intraindividuelle Trait-Faktoren" (Luborsky 1953) darstellen lassen; solche größeren Änderungen verleihen den zahlreichen kleineren Änderungen eine erweiterte und vertiefte Bedeutung. Darüber hinaus lassen die Umstände der größeren Änderungen oft auslösende Bedingungen für einen kleineren Wandel erkennen, wie im folgenden Beispiel.

Beispiel: Frau L.

Wenn die Patientin von einer Gefühlsschwankung sprach, daß sie nämlich von einem „Schatten" überzogen würde, so ist dies als Teil einer umfassenderen Gefühls- und Stimmungsschwankung anzusehen: zunehmende Depression, verringertes Erinnerungsvermögen, fehlende Freude am Vergleich, gedrückte Stimmung sowie ein größerer Abstand zum Therapeuten. Zum Zeitpunkt dieser Gefühlsschwankung bemerkte der Therapeut, daß die Patientin in Verbindung mit der genannten „Verschattung" nicht länger auf ihrer Auffassung beharrte, daß der Therapeut seine Vorhänge ändern sollte. Diese führte den Therapeuten zu dem Schluß, daß die Abkehr von dem, was sie wollte, die Gefühlsschwankung herbeigeführt hatte. Als der Therapeut dies in einer Deutung zusammenfaßte, besserte sich die Stimmungslage der Patientin.

Prinzip 3a: Formulierung des zentralen Beziehungskonfliktthemas (ZBKT) mit klinischen Methoden

Analytische Psychotherapeuten müssen das zentrale Übertragungsbeziehungsthema immer wieder erneut formulieren, um die allgemeineren zentralen Beziehungsprobleme erkennen zu können. Solche Fokusformulierungen sind besonders dringend und unerläßlich in Fokaltherapien, in denen ein Aspekt des Beziehungsthemas als Fokus der therapeutischen Arbeit ausgewählt wird. Die Richtschnur, um solche Beziehungsthemen zu entdecken, ist in diesem Manual besonders explizit beschrieben. Sie wurde entwickelt als Antwort auf die häufigen Fragen von Klinikern, auch von erfahrenen Klinikern: Wie machen es denn die erfahrenen Kliniker und wie gut stimmen sie darin überein? Da dieses Prinzip von großer Bedeutung ist, werden im folgenden 3 Beispiele aufgeführt. Die ersten beiden sind Beispiele einer ziemlich typischen klinischen Formulierung der zentralen Beziehungsprobleme im Hinblick auf die Hauptsymptomatik (Frau M. und Herr Q.); das dritte ist ein Beispiel einer klinischen Formulierung, die durch eine klinisch-quantitative Methode unterstützt wird, die sog. Methode des zentralen Beziehungskonfliktthemas (Herr B. N.).

Beispiel: Frau M.

Die Hauptsymptomatik der Patientin bestand in Angst und fehlendem sexuellem Empfinden, wobei in ihrem Erleben die Angst auf das Fehlen von sexuellen Empfindungen zurückging. Dieses Beispiel wird hier aufgeführt, weil die Angst wiederholt berichtet wurde und sich in verschiedenen Beziehungskontexten wiederfinden ließ. Einige dieser verdichteten Beziehungskontexte, die aus mehreren ausgewählten Sitzungen stammen, werden im folgenden dargestellt. Achte beim Durchlesen besonders auf die Hypothesen, die auf einen solchen Zusammenhang mit dem Entstehen der Angst hinweisen:

P: In meiner Jugend, so mit 15-18 Jahren, war ich mit einem Jungen befreundet, den meine Eltern nicht mochten, besonders meine Mutter nicht. Ich fand ihn ganz in Ordnung. Ich weiß nicht, was meine Mutter gegen ihn hatte; sie hat es nie gesagt. Ich blieb weiter mit ihm befreundet, und er war der erste Junge, mit dem ich eine sexuelle Beziehung eingegangen bin. Zwischen Mutter und mir kam es zum Streit, und ich bestand darauf, mit dem Jungen befreundet zu sein, mit dem ich es wollte. Daraufhin brach sie beinahe zusammen: „Mit meiner Mutter hätte ich so etwas nie machen dürfen“, sagte sie. Darüber war ich nun ziemlich verwirrt und fühlte mich auch etwas schuldig. Ich weiß nicht, ob ich mich wirklich schuldig fühlen mußte.

P: Wir [Ehemann und Patientin] hatten Verkehr miteinander, nachdem wir eine Weile herumgespielt hatten. Während des Vorspiels fühlte ich mich ganz wohl, aber beim Verkehr selbst hatte ich das Gefühl, ich kann nicht. Ich konnte ihm aber nicht auf die Schulter klopfen und sagen: Hör auf! So wurde ich sehr ängstlich, und mir wurde unbehaglich.

P: Ich erinnere mich jetzt an meinen ersten Freund. Das war ungefähr mit 13 Jahren. Wir hatten uns richtig gern. Ich dachte oft daran, ihn anzufassen, aber ich habe es dann doch nicht getan. Die Beziehung war halt ganz harmlos, und so war es recht. Aber ich konnte mit ihm nicht einmal Händchen halten. Ich wollte es eigentlich sehr, aber ich konnte es nicht. Er sagte oft: Du mußt! Und das hat mir dann Angst gemacht.

P: Ich hatte ein gutes Wochenende. Die meiste Zeit habe ich mit meinem Mann verbracht. Seit er in der letzten Woche sagte: „Weißt du, wir können viel Zeit zusammen verbringen, ohne miteinander Sex haben zu müssen“, ist es viel leichter für mich. Wir hatten keinen Verkehr. Ich fühlte mich besser, daß das so gut ging, und war nicht mehr beunruhigt.

P: Ich fühle mich nun mit mir wohler [sie wird ängstlich und weinerlich], aber meinem Mann fehlt etwas.

Das Beziehungsthema, das in diesen Episoden am deutlichsten heraussticht, kann als Wunsch in Verbindung mit den Konsequenzen dieses Wunsches formuliert werden. Der Wunsch lautet: „Ich möchte mich frei und spontan fühlen“, z.B. „herumspielen“; die Konsequenzen lauten: „Wenn ich weitermache, besonders mit dem Sex, dann überlasse ich dem anderen die Kontrolle über mich, weil das Weitermachen ein Muß wird. Wenn ich es dann mache, dann werde ich ärgerlich und deprimiert und kann es nicht genießen. Folglich habe ich beschlossen, solche Wünsche und Aktivitäten zu vermeiden, bei denen ich das Gefühl des Frei- und Spontanseins und der Selbstkontrolle verlieren könnte. Aber wenn ich die Kontrolle behalte, dann ist die andere Person verletzt, und das trifft mich dann wieder."

In dieser Beziehungsthematik kommt die Angst also an 2 Punkten auf: 1) wenn die Patientin ihre Spontaneität oder das Gefühl der Kontrolle verliert und die andere Person nach ihrem Eindruck die Kontrolle über sie hat, wobei sie dann mitmachen muß; oder 2) wenn sie die Kontrolle behält, obwohl die andere Person etwas von ihr wünscht; dann hat sie das Gefühl, daß die andere Person „zusammenbricht" oder etwas „entbehrt" und jedenfalls keine Möglichkeit der Kontrolle mehr hat.

Beispiel: Herr Q.

Beziehungsthemen spielen in Psychotherapiesitzungen fortgesetzt eine wichtige Rolle. Besonders deutlich werden solche Beziehungsthemen in Verbindung mit dem Auftreten von Symptomen; dies wurde weiter oben als Prinzip 1 näher ausgeführt. Im folgenden werden 3 kurze Gesprächsausschnitte aus der Behandlung von Herrn Q. wiedergegeben, einem 23jährigen Studenten der Tiermedizin, der hauptsächlich über Depressionen klagte. Der entscheidende Vorteil einer solchen Abfolge von Gesprächspassagen aus der Behandlung eines einzelnen Patienten, die alle eine Veränderung in der depressiven Gestimmtheit betreffen, liegt in dem Zugewinn an Deutlichkeit, mit der das Beziehungsthema hervortritt, wenn der Kliniker auf die Redundanz in den Gesprächsausschnitten achtet. Nach jedem einzelnen Gesprächsausschnitt werden Überlegungen zum Beziehungsthema dargestellt, und zum Schluß wird auf der Grundlage der 3 Gesprächsausschnitte eine klinische Formulierung des hauptsächlichen Beziehungskonflikts versucht.

Gesprächsausschnitt 1a)

Nachdem der Patient von seiner Freundin gesprochen und einen Traum über sie aus der letzten Nacht berichtet hat, sagt er: „Ich bin jetzt ein bißchen angespannt, ich weiß aber nicht warum (Stimme wird leise)."

(Der Ausdruck „etwas angespannt" bedeutet, daß der Patient ängstlich wurde; „Stimme wird leise" legt die Vermutung nahe, daß der Patient depressiv wurde, was durch das weitere Material bestätigt wird.) Im weiteren Fortgang der Stunde wird deutlich, daß der Therapeut auf die Symptomentstehung beziehungsweise genauer auf die Änderung in der Gefühlslage eingeht, und er erkundigt sich beim Patienten, was ihn denn „angespannt" gemacht habe. Der Patient äußert den depressiven Gedanken: „(...) ein Kerl wie ich kann schon mir ihr gehen, aber, wissen Sie (...) ich bin nicht stark genug." Der Patient hat sich also mit einem anderen „Kerl" rivalisierend verglichen und ist dabei schlecht weggekommen. Diese Thematik, die womöglich einen Teil der Beziehungsproblematik des Patienten ausmacht, ist ganz manifest in dem enthalten, was er unmittelbar vor dem Abgleiten in die Depression gesagt hat.

Es folgt nun der umfangreichere Gesprächsausschnitt 1a), der die Änderung der Gefühlslage sowie ca. 100 Wörter des Patienten vor und 100 Wörter nach dieser Änderung beinhaltet:

P: (...) Ich kann schon verstehen, daß da viel Wahres dran ist und daß, eh, Sie kennen mich ja – ich meine, wissen Sie, entweder muß sie jemanden heiraten, der schwach ist, oder jemanden, der ungeheuer stark ist und selbstbewußt und, wissen Sie, wie sie selbst es ist oder so ähnlich wie sie, so daß es neben Aktivitäten und Oberflächlichkeiten zu keiner wirklichen Begegnung kommt, und sie lernen sich niemals richtig kennen. Oder aber so jemand wie ich, nur eine Million mal mehr als ich. Ich meine, jemand, der nett und gut zu ihr ist, nur ungeheuer stark. Und nicht – Mit stark meine ich selbstbewußt. Aber sie, ich meine – aber ich habe von ihr geträumt; es war kein besonderer Traum, wissen Sie, ich weiß nicht mehr, um was es ging, es war aber nichts besonderes, es ging auch nicht um Sex, und es war kein –, ich weiß nicht. Wir haben uns nur unterhalten oder so was. *(Änderung der Gefühlslage)* Ich bin jetzt ein bißchen angespannt, ich weiß aber nicht warum (Stimme wird leise).

T: Was könnte zu dieser Anspannung im Moment geführt haben?

P: Daß ich von ihr gesprochen habe. Ja.

T: Können Sie noch herausfinden, was zu der Anspannung geführt hat?

P: Nein, ich kann mich nicht mehr erinnern.

T: War es was Sie gesagt haben oder was Sie gedacht haben?

P: Daß ich an sie gedacht habe, glaube ich. Ah, jetzt weiß ich, was es war, ich hab's!

T: Mhm.

P: Als ich sagte, ein Kerl wie ich kann schon mit ihr gehen, aber, wissen Sie, nur eine Million mal stärker. Eh, wissen Sie, und ich bin ja nicht stark genug. Und das hat mich irritiert.

T: Ja.

P: Wissen Sie, ich meine, eh, so ist sie nun mal, und wissen Sie, wenn ihr nichts besonderes passiert und sie schwächer wird, verstehen Sie, dann, und darum habe ich ein schlechtes Gefühl, denn das bedeutet, daß sie stärker ist als ich, oder schlauer als ich. Ich meine, sie ist schlauer als ich, glaube ich, und genau das irritiert mich, verstehen Sie. Ich vergleiche mich schon wieder. Sie ist hart. Na schön (...)

Gesprächsausschnitt 1b)

P: (...) diese Frau, die in der Bibliothek arbeitet, die geschieden ist. Ich meine, wir gehen eigentlich nur essen, wir gehen aus. Und, eh, wissen Sie, das ist gar nicht so einfach, weil, wissen Sie, sie ist eine sexuell erfahrene Frau und, wissen Sie, ich könnte mir vorstellen, daß sie es genießt, und was ich nur machen soll, wenn sie mich liebt, wissen Sie. Ich glaube nämlich wirklich, daß sie mich liebt. Ich meine, wissen Sie, sie findet, sie findet mich ganz nett, wissen Sie. Und nun weiß ich nicht (Pause), das ist schon ein Problem (gähnt). Doch (stöhnt; Pause) *(kleine Änderung der Gefühlslage)* Und was jetzt, ha? Ich weiß nicht, was ich jetzt tun soll oder (Stimme wird leise).

T: Im Moment sieht es so aus, als ob Ihnen jetzt gar nichts mehr durch den Kopf gehen kann, das Sie –

P: Na ja, es macht mir –

T: – sagen wir mal –

P: – irgendwie ein schlechtes Gefühl.
T: Und was könnte das sein?
P: Wenn ich nichts mehr zu sagen habe, nichts jetzt. Ich weiß nicht warum. Kennen Sie diesen Typ B.? (Stimme wird heller) – über Depression? (...) (leise stimme; lange Pause) Und was jetzt? Ich weiß nichts mehr zu sagen (räuspert sich; Pause).
T: Es muß doch einen Gedanken dazu geben, warum sie sich schlecht fühlen, wenn Sie nichts zu sagen haben.
P: Man fühlt sich dann –
T: Es muß einen Gedanken geben, der Ihr schlechtes Gefühl jetzt erklärt, hier bei mir.
P: Ich kann mir nicht vorstellen, was das sein sollte. Wenn es nur um, eh, dann kann ich darüber sprechen, sagen wir mal, und wenn es um etwas geht, worüber ich nicht sprechen kann, dann habe ich eben nichts zu sagen, und deshalb bin ich schlecht. Ich denke –
T: Ja
P: – ich denke aber nicht so. Weil – es ist so eine Art von Gefühl der Hilflosigkeit, von, eh, Nutzlosigkeit, daß, na ja, ich werde hier ja wohl nichts mitbekommen, wissen Sie, weil, na ja, wir machen hier ja nichts anderes als sitzen, ich sitze auf meinem Hintern, und wissen Sie, sitzen, und mehr kann ich überhaupt nicht erwarten. Und darum, und darum, da kommt dieses schlechte Gefühl her, glaube ich (gähnt; sehr leise), wissen Sie, das ist alles.
T: Ja.
P: Ich weiß nicht mehr weiter.

In dem letzten Gesprächsausschnitt hält der Patient bei einer kleinen Änderung der Gefühlslage inne und sagt: „Ich weiß nicht, was ich jetzt tun soll", und er wird depressiv. Der Therapeut fragt nach und findet heraus, daß der Patient sich Vorwürfe macht, weil er nichts zu sagen hat. Der Patient ist über seine eigene Unzulänglichkeit wütend. Er sagt nichts, fühlt sich deshalb unzulänglich, eben weil er nichts sagt, und er wird dann depressiv, weil das für ihn heißt, daß er wirklich unfähig ist. Wahrscheinlich fühlt er sich auch im Verhältnis zu der „geschiedenen" Frau unzulänglich. Der Patient hat beinahe den Gedanken gefaßt, über ein ähnliches Problem in der Beziehung zum Therapeuten zu sprechen. Der Patient hatte versucht, die große Distanz zum Therapeuten mit der Frage zu überbrücken, ob der Therapeut „diesen Typ B." kenne. Das Problem ist darin zu sehen, daß der Patient den Eindruck hat, vom Therapeuten keinerlei Anerkennung zu erhalten. Er hat entschieden, daß der Therapeut seinen Beziehungstest nicht bestanden hat, denn er sagt ja: „Wir machen hier ja nichts anderes als sitzen". Der Therapeut hätte sich an dieser Stelle offener für die Gefühle des Patienten hinsichtlich der therapeutischen Beziehung interessieren sollen. Der Patient fühlt sich nicht nur selbst unzulänglich und unfähig; wahrscheinlich hat er ebenso das Gefühl, daß der Therapeut nichts zu einer günstigeren Selbsteinschätzung des Patienten beiträgt, und deshalb entschließt sich der Patient, auch den Therapeuten für unzulänglich zu halten.

Gesprächsausschnitt 1c)

Dieser Gesprächsausschnitt verdeutlicht erneut die Abfolge von Zuhören und dem nachfolgenden Bemühen um ein Verständnis des Zusammenhangs, in dem die Symptomänderung eintritt.

P: Ich weiß gerade nicht. Ich habe mich in dieser Hinsicht wohl gerade eben schlecht gefühlt. Ich wollte nicht mit ihm (d.h. mit dem Vater) kämpfen.
T: Genau das taten Sie aber. Sie hatten das Gefühl, daß Sie sich immer dann schlecht fühlen mußten, wenn sie daran dachten, ihm einen üblen Streich zu spielen.
P: Ja, in Wirklichkeit machte ich es aber nie.
T: Sie machten es nie, wollten es aber oft tun.
P: Nein, nein, ich glaube nicht, daß ich jemals daran dachte. – Ich meine, es gab niemals etwas, um das man hätte kämpfen können. Natürlich gab es solche Sachen – Gründe zu kämpfen – ja gut; ich glaube, ich bin so – ich hasse ihn jetzt manchmal, aber (seufzt), ich meine, er hat im Grunde niemals irgendetwas gemacht. Er war im Grunde unnütz. Er hat Geld verdient. Na schön, ich meine, selbst wenn ich ihn aus seiner Lebensgeschichte heraus begreife und, und so bla, bla, bla, und seine Depression und daß er nichts zu essen hatte und all die Scheiße. Aber ich, ich, ich weiß nicht. *(Änderung der Gefühlslage)* Das, das macht mich ziemlich verwirrt; es tut mir nicht sehr gut.
T: Warum nicht?
P: Ich weiß nicht, vielleicht weil ich mich jetzt wieder nicht gut fühle.
T: Und was war es, was sagten Sie, was hat Ihnen vorhin nicht gut getan?
P: Weil alles auf mich einstürzte und ich wieder depressiv wurde, obwohl ich es überhaupt nicht gewesen war; ich war zu 10 Prozent draußen.
T: Das stimmt, das waren Sie wirklich. Versuchen Sie doch herauszufinden, was Sie wieder so sehr bedrückt hat.
P: Irgendetwas über meinen Vater, glaube ich.
T: Ja.
P: Ich weiß nicht; ich war gegen ihn oder so.
T: Ja.
P: Daß ich ihn haßte.
T: Ja, Ja.
P: Warum mußte ich mich aber schuldig fühlen, bloß weil ich ihn haßte?
T: Ja.
P: Ich glaube, Sie machen es. Man muß seinen Vater lieben und all die Scheiße.
T: Richtig, ja. Und wenn Sie ihn hassen und das Gefühl haben, gegen ihn zu sein und gegen ihn zu kämpfen und ihm üble Streiche zu spielen, dann müssen Sie also wegen der gesamten verdammten Geschichte depressiv werden.
P: Und deshalb geht es mir auch allen anderen Männern gegenüber so ähnlich.
T: Einschließlich des Mannes, der gerade mit Ihnen spricht.
P: Ja.

Der Patient war in der Sitzung recht depressiv; er war allmählich dabei, diese Depression zu überwinden, als anläßlich eines schmerzlichen Gesprächsthemas ein Wendepunkt eintrat und der Patient wieder depressiv wurde. Der Therapeut bemerkte diese Symptomveränderung und achtete auf nähere Begleitumstände; es wurde deutlich, daß der Patient unmittelbar vor der Symptomveränderung auf seinen Vater wütend wurde, weil dieser überhaupt keine Anerkennung vertrug für das, was er war und tat. Offensichtlich hatte der Patient vor der Symptomveränderung Schuldgefühle wegen seiner Wut auf den Vater entwickelt.

Das zentrale Beziehungsthema gewinnt an Deutlichkeit, je mehr Beziehungsepisoden berücksichtigt werden. Bei Herrn Q. kreisen alle Beziehungsepisoden thematisch um den Vergleich mit einem anderen Menschen, meist mit einem Mann. Er fühlt sich dann unzulänglich oder hält den anderen für unzulänglich. In einer beispielhaften Beziehungsepisode trat die depressive Stimmung auf, als der Patient sich nicht für stark genug hielt, mit einem anderen jungen Mann um ein Mädchen zu rivalisieren. In einem anderen Beispiel trat die depressive Verstimmung auf, als er sich mit einer sexuell erfahrenen Frau verglich und sich gegen das dabei aufkommende Gefühl der Unzulänglichkeit nicht wehren konnte; er wurde dann schweigsam und fühlte sich gerade wegen des Schweigens dem Therapeuten gegenüber minderwertig, weil er ja offensichtlich nichts zu sagen wußte. Ähnlich trat eine depressive Verstimmung ein, als er sich über seinen Vater und dessen Unfähigkeiten aufregte und sich sogleich Vorwürfe wegen seiner feindseligen Haltung dem Vater gegenüber machte. Der wesentliche Gehalt des zentralen Beziehungsthemas kann nun in eine Form gebracht werden, die der Formulierung des Kernthemas entspricht. Aus diesen und anderen Beziehungsepisoden des Herrn Q. läßt sich das zentrale Beziehungskonfliktthema wie folgt formulieren: *Wunsch:* „Ich möchte mich im Vergleich mit anderen Menschen, besonders mit Männern, gleichwertig fühlen." *Konsequenzen:* „Ich bin sehr schmerzlich davon überzeugt, unzulänglich zu sein. Manchmal mache ich mir Vorwürfe, weil ich jemanden niedermachen will, wie z.B. meinen Vater, und dann werde ich depressiv." Im wesentlichen ist in dieser Formulierung das Hauptsymptom mit dem hauptsächlichen Beziehungskontext, in dem es auftritt, in Verbindung gebracht.

Prinzip 3b: Formulierung des Beziehungsthemas über die Methode des zentralen Beziehungskonfliktthemas

Bei der Formulierung der Beziehungsthemen ist die Aufmerksamkeit des Klinikers nicht nur auf das Verständnis der Symptomdeterminanten und des dazugehörenden Leidens gerichtet; es ist ebenso darauf ausgerichtet, die übergeordneten Muster zu erkennen, nach denen der Patient seine Beziehungen zu anderen Menschen gestaltet. Eine Form eines solchen Zugangs wird mit der ZBKT-Methode in der Anwendung auf eine Psychotherapiesitzung veranschaulicht (vgl. das Beispiel im Anhang; für nähere Einzelheiten s. Luborsky 1977 sowie Levine u. Luborsky 1981).

Diese Methode vermag in einzigartiger Weise die Grundlagen der klinischen Urteilsbildung hervorzuheben, die zur Formulierung eines Beziehungsthemas hinführen; die Methode beinhaltet ein objektiveres und quantitatives Schema zur Beschreibung dessen, was Kliniker gewöhnlich tun. Für den Forscher stellt sie die erste strikte Methode dar, nach der die Formulierung von Beziehungsthemen in der Psychotherapie abgeleitet und das Ausmaß an Übereinstimmung zwischen verschiedenen Klinikern ermittelt werden kann.

Mehrere ähnliche Methoden werden derzeit entwickelt. Die Konfigurationsanaly-

se (Horowitz 1979) ist ein System, das sich die ZBKT-Methode zu eigen macht und Veränderungen in der Psychotherapie beschreibt. Von Gill u. Hoffman (1982a) stammt ein Kodierungsschema, mit dem beurteilt werden kann, wie der Patient die therapeutische Beziehung erlebt; erfaßt werden sowohl direkte als auch indirekte Hinweise auf die therapeutische Beziehung; diese Unterscheidung bezieht sich im wesentlichen darauf, ob die Verbindungen von Patient oder Therapeut explizit genannt werden oder ob sie vom Beurteiler erschlossen werden müssen. In einem anderen Beurteilungsschema (Weiss u. Sampson 1984) wird aufgrund der klinischen Beurteilung der ersten Psychotherapiesitzungen durch eine Klinikergruppe der „unbewußte Plan" des Patienten formuliert. Einige andere empirische Studien untersuchten z.B. die Intensität der Übertragung (Luborsky et al. 1973) und nicht so sehr die Art des Beziehungsthemas, wie dies mit der ZBKT-Methode geschieht.
Die ZBKT-Methode macht sich 3 hauptsächliche Präzisierungen der klinischen Methode für die Formulierung des zentralen Beziehungsthemas zunutze:

1) Die Beurteilungs- und Auswertungseinheit kann auf „Beziehungsepisoden" innerhalb der Sitzungen begrenzt werden und muß nicht die gesamte Sitzung umfassen. Unter einer „Beziehungsepisode" wird die Interaktion des Patienten mit anderen Menschen verstanden, über die er während der Sitzung erzählt. Die Verwendung solcher Episoden beziehungsweise Beziehungsnarrative erleichtert es, das zentrale Beziehungskonfliktthema zu bestimmen.

2) Das zentrale Beziehungskonfliktthema wird in standardisierter Form als ein Satz mit 2 wesentlichen Bestimmungsstücken ausgedrückt: mit einer Aussage über den Wunsch, über das Bedürfnis oder über die Absichten des Patienten, beispielsweise: „Ich wünsche mir etwas von (jemandem) ..."; sowie mit einer Aussage über die Konsequenzen, die sich aus der Verfolgung dieses Wunsches ergeben, beispielsweise: „... aber ich werde ängstlich" (eine Konsequenz, die vom Subjekt selbst herrührt) oder „... aber ich werde zurückgewiesen" (eine Konsequenz, die von der anderen Person stammt). Die Konsequenzen können positiv wie negativ sein, d.h. eine Erfüllung des Wunsches enthalten beziehungsweise gerade ausschließen. Das zentrale Beziehungskonfliktthema kann man in Verbindung sehen zur patientenspezifischen Wahrnehmung bestimmter Gefahrensituationen, die in zwischenmenschlichen Beziehungen entstehen (Freud 1926). Solche Gefahrensituationen beinhalten meist das erwartete oder erinnerte Gefühl der Hilflosigkeit und sind deshalb oft mit Angst verbunden.

3) Die Arbeit des klinischen Beurteilers bei der Formulierung des zentralen Beziehungskonfliktthemas vereinfacht sich dadurch erheblich, daß er nur nach den vorherrschenden Bestimmungsstücken Ausschau halten muß. Nach dem (ggf. wiederholten) Durchlesen der Beziehungsepisoden ist der klinische Beurteiler in der Lage, das Beziehungsthema anzugeben, das in den Beziehungsepisoden am häufigsten ausgedrückt ist.

Ein Beispiel für die Anwendung dieser Methode auf den Patienten Herrn B. N. ist im Anhang dargestellt. Nach der Lektüre der Textausschnitte aus der Sitzung kann der

Leser die ZBKT-Methode selbst ausprobieren und dann sein Ergebnis mit dem Beurteilungsresultat von 4 geschulten Beurteilern vergleichen.

Prinzip 4: Beachte reihum jeden Bereich der Beziehungstriade

Zur Abrundung des Bildes von einem zentralen Beziehungsthema ist es oft sehr hilfreich, auf sein Erscheinen in 3 Bereichen zu achten: a) in der aktuellen Beziehung zwischen Patient und Therapeut in der Behandlung; b) in den aktuellen Beziehungen außerhalb der Therapie, also zur Familie oder zu Freunden, Kollegen usw.; c) in früheren Beziehungen, besonders zu den Eltern. Zwei weiter oben angeführte Fallbeispiele illustrieren die Anwendung dieses Dreibereichsprinzips; es wird verdeutlicht, wie die Aufmerksamkeit des Therapeuten zwischen den 3 Bereichen hinundherwandern kann und auch soll (Menninger u. Holzman 1973). Es verhilft dem Patienten zu einem erweiterten Verständnis seiner Beziehungsprobleme, wenn diese in allen 3 Bereichen entdeckt werden können; er hat es dann etwas leichter, die jeweilige Beziehungsproblematik tatsächlich als seine Schwierigkeit anzuerkennen.

Beispiel: Frau N.

Zuerst stellte der Therapeut eine Verbindung her zwischen einem Verhaltensaspekt außerhalb der Therapie (z.B.: „ Sie versuchen, mit Ihrer Arbeit gut zurechtzukommen“) und einem Verhaltensaspekt innerhalb der Therapie (z.B.: „Sie werden traurig und beginnen zu weinen, wenn ich auf Ihre Attraktivität zu sprechen komme“). Die Patientin gelangte dann zu einem weitergehenden Verständnis ihres Ärgers, als sie ihre Aufmerksamkeit spontan dem 3. Bereich, d.h. ihrer Beziehung zum Vater zuwandte. „Vater konnte meine Attraktivität nie ertragen.“ Die einzelnen Beziehungsaspekte in den 3 Bereichen spiegeln das zentrale Beziehungsthema wider: *Wunsch:* „Ich sehne mich nach einem passenden Mann, der mir die körperliche und emotionale Zuwendung gibt, die ich brauche.“ *Konsequenz* (Reaktion vom Subjekt selbst und von anderen): „Ich sollte aber nicht einen solchen Wunsch haben, weil ich unabhängig bin, und der Wunsch könnte sich auch nicht erfüllen, weil ich zurückgewiesen werde und der Mann mir diese Zuwendung überhaupt nicht wird geben können.“

Beispiel: Frau L.

In diesem Beispiel geht es wieder um die Verschiebung der Aufmerksamkeit von einem Bereich zum anderen. Die Patientin sprach mit Begeisterung über ihre gegenwärtigen Aktivitäten außerhalb der Therapie (z.B.: „Mir macht es gerade großen Spaß, Fotos für das Jahrbuch der Schule zu machen.“). Als der Therapeut eine Stimmungsänderung feststellte, erkundigte er sich: „Was ist gerade los?“ Damit lenkte er die Aufmerksamkeit der Patientin auf die momentane Stimmungsänderung innerhalb der Therapiesitzung. Schließlich wurde der 3. Bereich, die frühere Beziehung zu den Eltern, in den Mittelpunkt der Aufmerksamkeit gerückt (z.B.: „Meine Eltern hörten mir nie zu."). Wie in dem vorangegangenen Beispiel enthält jeder der 3 Bereiche Teilaspekte des zentralen Beziehungsthemas. *Wunsch:* „Ich möchte etwas leisten können und dafür Anerkennung finden." *Konsequenz:* „Das darf und kann aber nicht sein, besonders weil es meinem Vater oder meinem Bruder wehtäte."

Es ist im allgemeinen nicht erforderlich, in einer Sitzung immer auf alle 3 Beziehungsbereiche offen hinzuarbeiten, obwohl sich dies von Zeit zu Zeit als hilfreich empfiehlt. Was weiter oben als „Redundanz des Beziehungsthemas" bezeichnet wurde, besteht letztlich in der Überlappung der 3 Beziehungsbereiche; der Überlappungsbereich ermöglicht die Eingrenzung des zentralen Beziehungskonfliktthemas. Abbildung 1 soll in Verbindung mit den beiden Beispielen aus der Therapie von Herrn Q. diese Methode veranschaulichen.

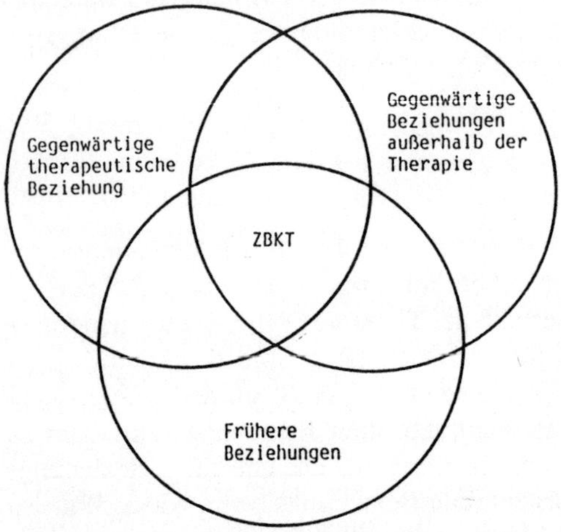

Abb. 1. Die Triade der Beziehungsbereiche und das zentrale Beziehungskonfliktthema als Überlappungsbereich

Die aktuelle Beziehung zwischen Patient und Therapeut ist unter den 3 Bereichen von besonderer Bedeutung für das Verständnis des Patienten und für therapeutische Veränderungen, weil es dabei um das „Hier und Jetzt" (Gill 1979) in der psychotherapeutischen Interaktion geht. Der Therapeut sollte besonders auf die Patient-Therapeut-Beziehung achten, denn hier stellen sich die zentralen Beziehungsprobleme des Patienten dar, und hier können mögliche Lösungen für diese Probleme gefunden und erprobt werden. Tatsächlich sollte der Therapeut die Empfehlung beherzigen, im Falle einer ungewöhnlichen Belastung des Patienten und besonders dann, wenn die Belastung in einer der Therapiesitzungen begonnen hat, nach belastenden Merkmalen innerhalb der therapeutischen Beziehung zu suchen, sowohl unter dem Gesichtspunkt der Übertragungsbeziehung als auch unter dem Gesichtspunkt der realen Beziehung zwischen Therapeut und Patient. Zusammengefaßt läßt sich festhalten, daß die aktuelle Beziehung zum Therapeuten, die aktuellen Beziehungen außerhalb der Therapie und ähnliche frühere Beziehungen wahrscheinlich das Übertragungsmuster widerspiegeln, das in diesem Manual alternativ als zentrales Beziehungskonfliktthema (ZBKT) bezeichnet und als Konzentrat der Beziehungserfahrungen verstanden wird.

Als Ergänzung bei der Beachtung der Beziehungstriade weist Holzman (1965) auf die Bedeutung eines weiteren strukturierenden Gesichtspunkts hin. Der Therapeut sollte auf die thematische Kontinuität in 3facher zeitlicher Hinsicht achten: a) zwischen verschiedenen thematischen Aspekten während der jeweiligen Sitzung; b) zwischen ähnlichen Aspekten in der gegenwärtigen und in der unmittelbar vorangegangenen Sitzung; c) zwischen den beiden Anfangssitzungen und den späteren Sitzungen.

Prinzip 5: Wiederholtes Rückblicken kann das Verstehen erweitern und vertiefen

Es ist eine unter Klinikern wohlbekannte Beobachtung, daß ein wiederholter Rückblick entweder mit oder ohne Supervisor zu einem besseren Verständnis führt. Ein solcher Rückblick kann vor, während oder nach der Sitzung erfolgen. In Übereinstimmung mit Holzman (1965) hat sich der praktische Hinweis als hilfreich erwiesen, unmittelbar vor Beginn einer Sitzung die jeweils letzte Sitzung beziehungsweise die letzten Sitzungen in Gedanken noch einmal durchzugehen.

Dieser Rückblick kann mit oder auch ohne Stundenprotokoll erfolgen; Stundenprotokolle enthalten als Prozeßnotizen wesentliche Detailinformationen sowie eine Zusammenfassung der gesamten Sitzung (eine nähere Beschreibung findet sich in Kap. 3).

Eine Sitzungszusammenfassung beschreibt das Geschehen während der Sitzung auf abstrakterem Niveau und stellt für die Beschreibung des längerfristigen Behandlungsprozesses eine gute Grundlage dar. Auf solche Weise in enger Berührung zu bleiben mit dem, was sich in den letzten Sitzungen zwischen Patient und Therapeut ereignet hat, kann sich für die Behandlungsführung als sehr wertvoll erweisen; dies kann natürlich auch ohne den ständigen Rückgriff auf die schriftlichen Sitzungszusammenfassungen geschehen. Erfahrenen Therapeuten fällt oft auf, daß sie sich zu Beginn einer Sitzung gleich bei den ersten Worten zuverlässig erinnern, womit der Patient das letztemal aufgehört hat, selbst wenn noch kurze Zeit zuvor ihr Gedächtnis zu versagen drohte.

Der Wert solcher wiederholter Rückblicke und Überblicke steht im Mittelpunkt einer kleinen Geschichte von Rudolph Ekstein (persönliche Mitteilung 1951) über eine Krähenart, die man stets nur rückwärts fliegen sah. Einmal baten benachbarte Vögel diese Krähen um eine Erklärung für ihr eigentümliches Verhalten. „Wir interessieren uns eben mehr dafür, wo wir gerade gewesen sind, als dafür, wo wir hinfliegen", krähten sie als Antwort. „Und nebenbei bemerkt", fügte eine Krähe nachträglich hinzu, „kommen wir tatsächlich besser voran, wenn wir genau wissen, wo wir noch eben gewesen sind."

Auf der anderen Seite kann sich ein auf dem Rückblick auf frühere Sitzungen beruhender Behandlungsplan *manchmal* als eine Erschwernis herausstellen. Solche Überlegungen zur Behandlungsplanung müssen bisweilen zurückgestellt werden, damit es nicht zu Einschränkungen in der erforderlichen freien und unvoreingenommenen Einstellung des Zuhörens kommt. Läßt der Verlauf der neuen Sitzung die Verwirklichung des Behandlungsplans zu, dann soll dies auch geschehen; andernfalls sollte man sich lieber auf die sich entwickelnde Beziehungsthematik in der Sitzung einstellen.

Prinzip 6: Betrachtung der Symptomatik als eine Form der Problemlösung oder als Bewältigungsversuch

Die Symptome können aufgefaßt werden als fehlerbehaftete und kostspielige Versuche von Problemlösungen, meist auf dem Gebiet von Beziehungsschwierigkeiten. Die Symptomatik als Problemlösungsversuch zu betrachten und in die Verständigung mit dem Patienten einzubeziehen, ist sowohl für den Therapeuten wie für den Patienten von Nutzen. Die Formulierung des zentralen Beziehungskonfliktthemas im Hinblick auf Wünsche und Konsequenzen bringt den Vorteil mit sich, daß die Aufmerksamkeit und das Denken von Patient und Therapeut in Richtung auf ungünstige Problemlösungen gelenkt werden. Sobald das Wunsch-Konsequenz-Thema aufgespürt ist und die Konsequenz als eine mögliche Probelösung aufgefaßt wird, kann man sich beim Zuhören auf andere und evtl. günstigere Lösungen einstellen. In der Regel ist es am besten, wenn der Patient solche alternativen Lösungen selbst entwickelt; und wenn sie vom Patienten nicht deutlich genug benannt werden können, sollte der Therapeut es tun. Theoretisch gibt es immer viele Lösungsmöglichkeiten; praktisch ist es oft schwierig vorherzusagen, welchen Weg der Patient ausprobieren kann und will.

Beispiel: Herr G. E.

Seine anfängliche Hauptsymptomatik bestand in übermäßigem Essen, Übergewichtigkeit sowie exzessivem Masturbieren. Sein zentrales Beziehungsthema lautete: *Wunsch:* „Ich möchte versorgt werden." *Konsequenz:* „Ich weiß, daß das nicht geschehen wird, also versuche ich es erst gar nicht." Darüber hinaus stellte er sich die Frage, „weshalb ich überhaupt meine Symptome verlieren sollte. Immerhin verhelfen sie mir zuverlässiger zur Befriedigung als alle anderen Bemühungen." Nachdem dieses Thema mit dem Patienten besprochen worden war, entwickelte er gedanklich mehrere alternative Problemlösungen. Zuerst dachte er daran, die Symptome durch eine Willensanstrengung zu beseitigen; diese Lösungsmöglichkeit lehnte er dann aber ab, weil er sich nicht genügend Durchhaltevermögen zutraute und über einen solchen Lösungsvorschlag obendrein verärgert war. Dann hatte er den Gedanken, von niemandem mehr auch nur das geringste zu erwarten; diesen Weg hatte der Patient schon früher immer wieder einmal versucht, sich mit diesem Gedanken aber nie recht anfreunden können. Der 3. Lösungsversuch schließlich beinhaltete die Symptomverringerung durch die Verbindung von aktiver Selbstkontrolle mit offen und direkt geäußerten Wünschen gegenüber anderen; diese Lösung schien ihm aussichtsreich zu sein.

Prinzip 7: Achte darauf, wie der Patient das Verhalten des Therapeuten wahrnimmt

Nicht alle Reaktionen des Patienten auf den Therapeuten können als Fehlwahrnehmungen angesehen werden, die sich aus der Sicht des Patienten durch seine verzerrende Optik des zentralen Beziehungskonfliktthemas ergeben. Die Eigenarten und Verhaltensweisen des Therapeuten werden vom Patienten oft sehr genau bemerkt, wenn auch deren Interpretation bisweilen in besonderer Weise gemäß dem zentralen Beziehungskonfliktthema des Patienten erfolgt. Wieviel der Patient und wieviel der Therapeut zur jeweiligen Wahrnehmung des Patienten beiträgt, wird je nach den verschiedenen Umständen ganz unterschiedlich sein. Jedoch ist es in jedem Fall von Bedeutung zu unterscheiden, ob eine Wahrnehmung des Patienten ganz überwiegend auf ihn selbst oder ganz überwiegend auf den Therapeuten zurückzuführen ist. In therapeutischer Hinsicht kann es enorm wertvoll sein, wenn der Therapeut seinen Stimuluswert für die Reaktionen des Patienten immer wieder bedenkt. (Dies stellt gleichzeitig ein „Interventionsprinzip" dar und wird deshalb dort ausführlicher abgehandelt.)

Das folgende Fallbeispiel soll unterstreichen, wie wichtig es ist, zwischen der *Wahrnehmung* des Therapeutenverhaltens und der *Interpretation* solchen Verhaltens durch den Patienten zu unterscheiden, wobei dessen Bereitschaft, die Dinge auf dem Raster seines jeweiligen zentralen Beziehungskonfliktthemas wahrzunehmen und zu interpretieren, besonders zu beachten ist. Die Berücksichtigung des Beitrags des Therapeuten zur Reaktion des Patienten wird von Gill u. Hoffman (1982) besonders hervorgehoben; diese Autoren beschreiben eine Beurteilungsmethode, in deren Mittelpunkt „als ein entscheidender erster Schritt in der Übertragungsanalyse [steht]: die Identifizierung und Untersuchung der vorbewußten Anhaltspunkte für die Anbindung der Übertragungsvorstellungen an das Hier und Jetzt. Verbunden mit dieser Überlegung ist die Auffassung, daß es im allgemeinen eine plausible Grundlage im Hier und Jetzt für die Vorstellungen des Patienten vom Therapeuten gibt" (S. 166).

Beispiel: Frau L.

Frau L. hatte den Therapeuten in früheren Sitzung gebeten, andere Vorhänge in seinem Zimmer aufzuhängen, weil die Vorhänge sie durch deren „Mangel an Abwechslung deprimieren"; die Vorhänge wurden aber nicht gewechselt. Die Patientin empfand dies als ein Zeichen dafür, daß der Therapeut an der Beachtung ihrer Wünsche nicht interessiert war; darüber hinaus führte sie das Verhalten des Therapeuten darauf zurück, daß er ihre Bestimmtheit und ihr Rivalisieren mißbilligte. Nachdem die Patientin dies alles gesagt hatte, verfiel sie in eine Art Dämmerzustand, wußte nicht mehr recht, weshalb sie überhaupt in Behandlung war und was sie sich davon erwartete. Der Therapeut bestätigte die Patientin natürlich darin, daß die Vorhänge offensichtlich unverändert geblieben waren, und er wies darauf hin, daß sie in dieser Unveränderlichkeit diesselbe Art von Enttäuschung und Entmutigung ihrer Unternehmungslust und Aktivitäten wiedergefunden habe, die sie früher bei ihren Eltern öfter erlebt hatte. Nach dieser Bemerkung des Therapeuten hellte sich die Stimmung der Patientin wieder auf, und sie beteiligte sich wieder aktiv an der Gestaltung der Therapiesitzung.

Grundregeln des Schlußfolgerns

Nachdem nun spezifische Grundlagen für das Verständnis der wesentlichen Mitteilungen der Patienten erörtert wurden, wollen wir für einen Moment zurücktreten und uns klarmachen, über welche grundlegenden Prinzipien der Kliniker zu seinen Schlußfolgerungen gelangt. Dargestellt werden die 3 Grundregeln, die in den Fallbeispielen am häufigsten vorgekommen sind und die sich insgesamt am besten bewährt haben.

Grundregel 1: Beachtung von Redundanzen

Dies ist die hilfreichste und am häufigsten verwendete Grundregel. Sofern mehr als eine einzelne Facette oder Episode, beispielsweise ein einziger Symptomkontext, vom Patienten bekannt ist, kann das Redundanzprinzip über mehrere Episoden hinweg zum besseren Verständnis beitragen. Werden die verschiedenen Episoden nacheinander durchgesehen, so können bedeutsame Redundanzen in den Komponenten der Beziehungsthemen aufgedeckt werden. In der 1. Episode bei Herrn Q. setzte eine depressive Stimmung ein, als er davon berichtete, wie er mit einem anderen jungen Mann um ein Mädchen rivalisierte, wobei er sich allerdings als hoffnungslos unterlegen und unzulänglich empfand. In der nächsten Episode fühlte er sich ebenfalls unzulänglich, diesmal dem Vater gegenüber, was zur Entwertung des Vaters und beim Patienten zu Schuldgefühlen führte. Nach dem Redundanzprinzip wird in den beiden Beispielen deutlich, daß es bei dem Beziehungsthema um den Vergleich beziehungsweise um einen Konflikt mit einem anderen Mann geht; in diesem Vergleich fühlt sich der Patient unterlegen und schuldbewußt.

Grundregel 2: Beachtung zeitlicher Zusammenhänge

Diese Grundregel wurde bei den meisten Fallbeispielen angewandt, um zu einem besseren Verständnis zu gelangen. Sie besagt im wesentlichen: Wenn 2 Gedanken aufeinander folgen, dann besteht auch irgendeine kausale Verbindung zwischen ihnen; und je häufiger dieselben Gedanken aufeinander folgen, desto wahrscheinlicher besteht wirklich eine kausale Verbindung zwischen ihnen. Zeitliche Zusammenhänge sind in diesem Sinne von Bedeutung bei aufeinanderfolgenden Gedanken oder zwischen den aufeinanderfolgenden Komponenten im typischen Symptom-Kontext-Verlauf: 1) präsymptomatische Phase 2) Symptomphase, 3) postsymptomatische Phase.

Grundregel 3: Beachtung von Stimmungs- und Gefühlsschwankungen

Die Arbeitsweise des seelischen Apparates läßt sich in Momenten der Veränderung besser und umfassender untersuchen als in Zeiten der Konstanz und Gleichförmigkeit. Diese 3. Grundregel wird in den Fallbeispielen mit einem depressiven Stimmungsumschwung (Luborsky et al. 1984) sowie in dem Forschungsanssatz von Horowitz et al. (1979) und Horowitz (1979) für die Untersuchung von Gefühls- und Stimmungsschwankungen im Verlauf von Psychotherapien verwendet. Schließlich findet diese Grundregel in einem neuen Forschungsfeld, der „Katastrophentheorie“ (Berlinski 1978), bei der Untersuchung plötzlicher Zustandsveränderungen in psychologischen wie in physikalischen Systemen einen nützlichen und breiten Anwendungsbereich.

7 Expressive Behandlungstechniken: Interventionen und erneutes Zuhören

Phase 3: Interventionen

Nachdem der Therapeut dem Patienten zugehört (Phase 1) und ein gewisses Verständnis erreicht hat (Phase 2), ist er nun besser in der Lage, hinsichtlich der expressiven Zielsetzungen zu intervenieren (Phase 3). Auch in dieser Phase kann sich der Therapeut von einigen bestimmten Prinzipien leiten lassen, zu denen auch das erneute Zuhören nach einer Intervention (Phase 1') gehört. Die Einstellung des Therapeuten auf das Zuhören mit dem nachfolgenden Bemühen um Verständnis fördert in der Regel sehr viel mehr an Gedanken, Hypothesen etc. zutage, als in einer einzelnen Intervention zur Sprache gebracht werden könnten. Bei der Auswahl und der Formulierung seiner Interventionen muß der Therapeut 3 wesentliche Fragen beantworten: Was will ich sagen? Wie soll ich es sagen? Wann soll ich es sagen? Die ersten 7 der im folgenden aufgeführten 13 Prinzipien beschäftigen sich mit der 1. Frage; unter diesen wiederum sind die ersten 3 Prinzipien am bedeutendsten und grundlegendsten.

Interventionsprinzipien

Prinzip 1: Die Intervention sollte klar auf eine oder mehre Komponenten des zentralen Beziehungsproblems gerichtet sein und gelegentlich einen Bezug zur Symptomatik herstellen

Dieses 1. Interventionsprinzip greift die 1. Frage auf: Was soll der Therapeut sagen? Im wesentlichen wird nach diesem Prinzip folgendes empfohlen:

a) Jede Intervention sollte sich mit einem Aspekt oder mit dem Kern des hauptsächlichen Beziehungsmusters beschäftigen. Der Prozeß des Zuhörens und Verstehens, an dem der Therapeut in jeder Sitzung beteiligt ist, kann mit dem Versuch verglichen werden, einem roten Faden in einem unübersichtlichen Gebiet zu folgen. Der rote Faden ist aber nicht immer zu sehen: doch wenn er dann wieder erscheint, wird er mit der Freude, etwas Vertrautes wiedergefunden zu haben, oder mit der Zufriedenheit eines erweiterten und vertieften Verständnisses begrüßt werden. Der rote Faden entspricht der klinischen Formulierung des hauptsächlichen Problems. Eine objektive Sicht des Beziehungsproblems kann mit Hilfe der Methode des zentralen Beziehungskonfliktthemas (ZBKT) gewonnen werden; das zentrale Beziehungskonfliktthema kann somit als eine objektive Methode zur Formulierung der therapeutischen Interventionen genutzt werden.

b) Der für die Intervention ausgewählte Beziehungsaspekt sollte für den Patienten bewußtseinsnahe sein (vgl. Prinzip 8), und es sollten sich in der aktuellen Sitzung keine zu intensiven Abwehrprozesse gegen ihn richten (Bibring 1954, Glover 1955).

c) Einige der Interventionen sollten auch auf die hauptsächlichen Symptome oder auf wesentliche Leidensaspekte bezogen sein, besonders dann, wenn diese in der aktuellen Sitzung auftreten oder vom Patienten zur Sprache gebracht werden.

Beispiel: Herr Q. (vgl. Kap. 6)

Die Interventionen des Therapeuten unmittelbar nach jedem Stimmungswechsel beabsichtigen in erster Linie, die Aufmerksamkeit des Patienten auf eben diese Tatsache hinzulenken, daß gerade ein Stimmungswechsel bei ihm eingetreten ist. Die darauf folgenden Reaktionen des Patienten bieten ihm und dem Therapeuten Gelegenheit, auf die mit dem Stimmungswechsel verbundenen Gedanken und Empfindungen zu horchen. a) Im 1. Beispiel beschäftigte sich der Patient mit der Vorstellung, hinsichtlich der Fähigkeit, eine Frau für sich zu gewinnen, im Vergleich mit einem anderen Mann minderwertig zu sein. Dieser Aspekt des zentralen Beziehungsthemas ist bei diesem Patienten dem Bewußtsein recht gut zugänglich. b) Im 2. Beispiel war die Therapeutenintervention wiederum als Hinweis darauf gemeint, daß dem Patienten soeben ein Stimmungswechsel widerfahren ist. Jetzt aber dachte der Patient darüber nach und entdeckte folgendes konflikthafte Beziehungsproblem: „Ich habe nichts zu sagen, und deshalb tauge ich nichts und bin schlecht", d.h. unfähig und minderwertig. Der Therapeut fragte dann interessiert nach Gedanken, die eine Verbindung herstellen könnten zwischen dem Eindruck, nichts zu sagen zu haben, und dem Selbstvorwurf „ich tauge nichts". c) Im 3. Beispiel wies der Therapeut wieder auf den Stimmungswechsel hin; wieder forschte der Patient nach Gedanken, die mit dem Stimmungswechsel verbunden sind. Der Therapeut ging darauf ein und erkundigte sich nach weiteren verbindenden Gedanken; dem Patienten fiel dann auf, daß es bei ihm gerade um die Wut auf seinen Vater wegen dessen Unzulänglichkeiten gegangen war und daß er sich wegen dieser Wut schlecht fühlte. Dieser kognitiv-affektive Prozeß hatte also zum Auftreten der Stimmungsänderung und zur vorübergehenden Wiederkehr der depressiven Symptomatik geführt.

Diese Abfolge der 3 Beispiele veranschaulicht gleichzeitig, daß nach der Formulierung des zentralen Beziehungsthemas und nach dem Hinweis des Therapeuten auf die Symptomveränderungen während der Sitzung sich ein umfassenderer Horizont an verwandten Beziehungsthemen auftat. Eines dieser untereinander verwandten Beziehungsthemen wird im 2. Beispiel deutlich: Solange es um seine eigenen Unzulänglichkeiten geht, führt der Patient sie auf seine Unfähigkeit zu sprechen zurück. Dann kommt ihm der Gedanke. „Wir tun ja beide nichts", was für den Patienten nahelegt, daß auch der Therapeut nichts taugt. Diese Vorstellung verdeutlicht sich im 3. Beispiel noch weiter, indem der andere (in diesem Fall sein Vater) wiederum als unzulänglich angesehen wird. Diese neue Linie, die sich unserem bisherigen Verständnis für sein Unzulänglichkeitsgefühl hinzufügt, beinhaltet die Überlegung, daß er seine eigene Unzulänglichkeit auf die Unzulänglichkeit anderer Menschen zurückführt, in den besprochenen Beispielen konkret auf die Unzulänglichkeiten des Vaters und des Therapeuten. Diese Personen werden für verantwortlich angesehen, ihm das vorzuenthalten, was er benötigt, um sich befähigt und kompetent fühlen zu können.

In dem hier beschriebenen Psychotherapiesystem wird ja besonders das Auftreten von Symptomen und das mit diesen verbundene Leiden beachtet; wie soll der Therapeut aber nun eine Sitzung handhaben, in der es offensichtlich weder um Symptome noch um Leiden geht? Die Antwort lautet, daß das Interventionsprinzip natürlich auch für solche Sitzungen gilt; der Therapeut kann ja durchaus die Thematik der Sitzung in Verbindung bringen mit Symptomen und Leiden, die in früheren Sitzungen zur Sprache kamen. Überdies ist der Therapeut nicht verpflichtet, die Beziehungsprobleme unablässig und zu jeder Gelegenheit auf die Symptome zu beziehen.

Beispiel: Herr H.

Der Patient sprach von der ungewöhnlichen Arbeitsbelastung, unter der er gerade stand; doch im Gegensatz zu seiner durchgängigen bisherigen Erfahrung empfand er keinerlei Angst dabei; er konnte die Arbeitsbelastung ganz gut ertragen. Das meiste von dem, was er in dieser Sitzung zur Sprache brachte, betraf die gleichen Probleme, die er schon in den früheren Sitzungen vorgebracht hatte, als er mit Arbeitsbelastungen sehr viel weniger gut zurechtgekommen war.

In dieser Sitzung einigten sich Therapeut und Patient darauf, die Besserung der Angstsymptomatik zur Kenntnis zu nehmen und den Unterschied zur Beziehung zu den Eltern und zur Ehefrau hervorzuheben, die früher durch eine ungünstige Gestaltung von situativen Bedingungen im Zusammenhang mit Arbeitsbelastungen seinen Eindruck ganz erheblich verstärkt hatten, einem äußeren Druck ausgesetzt zu sein.

Prinzip 2: Der Therapeut sollte ständig auf das zentrale Beziehungsthema achten, weil es das Durcharbeiten fördert und erleichtert

Nachdem ein Psychotherapeut in Ausbildung von dem Interventionsprinzip 1 gehört hatte, fragte er: „Was kann man dem Patienten denn noch sagen, wenn erst einmal das zentrale Beziehungskonfliktthema gedeutet ist?" Zu Freud kam ein Therapeut einmal mit derselben Frage; Freud (1914) beantwortete diese Frage, indem er die Notwendigkeit erläuterte, das zentrale Beziehungsproblem in der Übertragung durchzuarbeiten. Das Durcharbeiten wird von Freud in der Schrift *Erinnern, Wiederholen und Durcharbeiten* (1914) als ein Prozeß beschrieben, der im Verlauf der Therapie zu Veränderungen beim Patienten führen kann, indem Gelegenheiten geschaffen werden, die Beziehungsprobleme in den 3 Beziehungsbereichen, besonders aber in der Beziehung zum Therapeuten und damit in der Übertragung, aktuell wiederzuerleben bzw. neuzugestalten.

Mit dem Wiedererleben und Durcharbeiten sind eine Reihe von Vorteilen für den Patienten verbunden, die auch mitbestimmen, was in der Psychotherapie gelernt werden kann:

a) Eine zunehmende Fähigkeit in der Wahrnehmung und Verwertung von Anzeichen für die zentrale Beziehungsproblematik. Eine solche Wahrnehmungsfähigkeit ist um so wichtiger, als die Beziehungsprobleme meist unter scheinbar ganz verschiedenartigen Begleitumständen in Erscheinung treten.
b) Eine zunehmende Fähigkeit zu unterscheiden, was der Patient zu seinen Beziehungsproblemen beiträgt und was andere Personen und evtl. äußere Umstände dazu beitragen.
c) Eine angemessene Würdigung der Macht der zentralen Beziehungsproblematik. In den Worten eines Patienten liegt der entscheidende Punkt bei der Bewältigung der zentralen Beziehungsproblematik in der „Anerkennung ihrer geschmeidig erprobten Macht, allüberall auftauchen zu können".
d) Ein verbessertes Verständnis dafür, wie das zentrale Beziehungsproblem mit anderen Beziehungsproblemen verbunden ist.
e) Eine vertiefte Einsicht in die Frage, wie die Beziehungsprobleme entstanden sein könnten. Am Beispiel des Herrn Q. aus Kap. 6 mag das Beziehungsproblem entstanden sein, als er Unzulänglichkeiten des Vaters bemerkte, während er sich mit ihm zu identifizieren versuchte.
f) Ein größeres Verständnis für die Funktionalität der Beziehungsprobleme und für den sich daraus ergebenden „sekundären Krankheitsgewinn". Sobald die Beziehungsprobleme mehrfach wiedererlebt worden sind, liegt es nahe zu untersuchen, welche Funktion sie haben, d.h. welchen Nutzen das Fortbestehen der Beziehungsprobleme mit sich bringt.
g) Eine größere Vielfalt von Problemlösungsmöglichkeiten bei der Handhabung der Beziehungsprobleme wird erworben. Wenn man bedenkt, daß die Beziehungsprobleme tief im Erleben und Verhalten des Patienten eingebettet sind, dann erscheint es nicht mehr so überraschend, daß sie selbst nach langem und intensivem Durcharbeiten oft immer noch erkennbar sind; glücklicherweise erwirbt der Patient aber geeignete Möglichkeiten der Bewältigung seiner Beziehungsprobleme, insbesondere eine Veränderung in den Konsequenzen seiner Wünsche, beziehungsweise die Zurücknahme selbstschädigenden Verhaltens.

Beispiel: Frau M.

Frau M.'s zentrales Beziehungsthema lautete: „Ich möchte mich in Beziehungen frei fühlen; wenn ich mich aber auf eine Beziehung, und besonders auf eine sexuelle Beziehung, näher einlasse, dann verliere ich meine Selbstkontrolle." Im Laufe der weiteren Therapie verblieb dieses Thema im Mittelpunkt und ließ sich weiter differenzieren. Weitere Bedeutungsinhalte kamen zum Vorschein, und die Funktionalität der Beziehungsproblematik wurde allmählich sichtbar; eine Funktion der Beziehungsproblematik konnte darin gesehen werden, die enge Bindung der Patientin an die Mutter aufrechtzuerhalten, wobei der Anstoß für sexuelle und ähnliche Beziehungsprobleme hauptsächlich von der Mutter ausging. Im Verlauf der Therapie erarbeitete sich die Patientin Möglichkeiten, sich auf eine engere sexuelle Beziehung einzulassen und sich dabei doch ein gutes Gefühl für ihre Selbstkontrolle zu bewahren.

Prinzip 3: Der Therapeut sollte damit rechnen, daß der Patient die therapeutische Beziehung einer Überprüfung im Sinne der Übertragung unterzieht

In der therapeutischen Beziehung tritt nicht nur eine Wiederbelebung der Beziehungsprobleme in Gestalt der Übertragung auf, sondern diese Wiederbelebung erlaubt dem Patienten gleichzeitig, seine Beziehung zum Therapeuten zu überprüfen. Weiss (1971), Sampson (1976) und Silberschatz (1977) haben empirisch herausgefunden, daß Patienten einem „unbewußten Plan" folgen; ein solcher unbewußter Plan spielt in die Entscheidung des Patienten hinein, welche Themen er in der Therapie zur Sprache bringen kann und unter welchen Umständen er Beziehungsprobleme als Test für die Reaktionen des Therapeuten und für die therapeutische Beziehung vorbringen darf. Im Zusammenhang mit solchen Beziehungsprüfungen kann der Therapeut dem Patienten eine Hilfe sein, in dem er neutral bleibt und sich nicht so verhält, wie es der Patient von seinen traumatischen frühen „Objekten" erwartet, und indem er dem Patienten zu der Sicht verhilft, daß es hierbei um Überprüfungen der Übertragungsbeziehung geht.

Beispiel: Herr Q.

In diesen Ausschnitten aus 2 Sitzungen hebt der Therapeut besonders hervor, daß der Patient die Beziehung zum Therapeuten auf Tragfähigkeit und Stabilität prüft. Diese Prüfung erfolgt hinsichtlich der allgemeinen Beziehungsthematik, die im Mittelpunkt des Übertragungsgeschehens steht.

P: Ich habe Einzelheiten darüber erfahren, wie gut Sie die Organisations- und Personalprobleme in Ihrer Abteilung gelöst haben. Das wollte ich Ihnen nur sagen.

T: Sie möchten herausfinden, ob Sie – und auch ich – es in unserer Beziehung ertragen können, wenn Sie mir sagen, daß Sie mich für fähig halten.
(Nächste Sitzung:)

P: Ich habe noch weiter darüber nachgedacht, was Sie wirklich zur Lösung der Probleme in Ihrer Abteilung beigetragen haben. Viel haben Sie ja nicht gemacht; im Grunde haben Sie bloß den gesunden Menschenverstand walten lassen.

T: Sie möchten herausfinden, ob Sie – und auch ich – es ertragen können, wenn Sie mich herabsetzen und mir das Gefühl vermitteln wollen, ich sei unfähig.

Prinzip 4: Der Therapeut sollte bedenken, daß sowohl er als auch der Patient es als besonders schwierig empfinden, darüber offen zu sprechen, wie der Patient die therapeutische Beziehung erlebt

Unter den 3 Bereichen der Beziehungstriade (vgl. Kap. 6) ist der Bereich der therapeutischen Beziehung sowohl für den Patienten als auch für den Therapeuten am schwierigsten zu handhaben; deshalb wird dieser Bereich auch am häufigsten vermieden. Für den Patienten stellt Freud (1912a; S. 370) hierzu fest: „Es ist ja klar, daß das Geständnis einer jeden verpönten Wunschregung besonders erschwert wird, wenn es vor jener Person abgelegt werden soll, der die Regung selbst gilt."

Eine solche Vermeidung ist deshalb besonders ungeschickt, weil die Therapeut-Patient-Beziehung den potentiell ergiebigsten und profitabelsten Bereich darstellt; denn dort wird die Beziehungsfrage immer wieder neu gestellt, und dort muß sie auch beantwortet werden. Wenn der Patient „den Stier bei den Hörnern gepackt" und die Beziehungsfrage zufriedenstellend beantwortet und verstanden hat, dann hat er über die zentrale Beziehungsproblematik durch die direkte und unmittelbare Beobachtung im Hier und Jetzt der therapeutischen Beziehung sehr viel erfahren. Diese Lernerfahrung vollzieht sich im Patienten im wesentlichen dadurch, daß er gemeinsam mit dem Therapeuten als teilnehmender und auch als aktiver Beobachter die Entfaltung der therapeutischen Beziehung durch sein Denken, Fühlen und Handeln mitgestaltet.

Wenn über Psychotherapiesitzungen gesprochen wird, sei es im Kollegenkreis oder in der Supervision, dann wird immer wieder deutlich gemacht, daß es in diesem Bereich besonders schwierig ist, therapeutisch sinnvoll zu intervenieren. Das liegt nun aber nicht daran, daß der Supervisor oder andere, die an diesem Rückblick beteiligt sind, über eine größere therapeutische Intelligenz verfügen als der Therapeut (obwohl eines von Morris Parloff's berühmten Bonmots hier sicher zutrifft: „Die soziale Rolle des Beraters bringt automatisch einen Intelligenzvorsprung von 15 IQ-Punkten gegenüber dem Ratsuchenden mit sich."); der Supervisor und andere beratende Kollegen können ganz einfach den Vorteil nutzen, daß sie sich bei der Besprechung der Sitzungen sehr viel besser als der Therapeut von dem emotionalen Geschehen zwischen Therapeut und Patient in der Sitzung distanzieren können.

Einige präzisere Beobachtungen bezeugen ebenfalls die vergleichsweise größere Schwierigkeit, im Bereich der therapeutischen Beziehung zu intervenieren als in den anderen Bereichen der Beziehungstriade: a) Der Mitteilungsvergleichstest (Prinzip 7 in diesem Kapitel) sowie die Schätzskalen für die Therapeuteninterventionen zeigen dies, besonders in den Skalen „Ausmaß, in dem die Therapeutenintervention der Überprüfung der therapeutischen Beziehung durch den Therapeuten standhält" oder „Ausmaß, in dem die Therapeutenintervention auf den affektiv intensivsten Aspekt des Übertragungsgeschehens in der Sitzung gerichtet ist". b) Der Forschungsansatz von Gill u. Hoffmann (1982a) zeigt Möglichkeiten auf, die Güte der Therapeutenintervention im Hinblick darauf einzuschätzen, wie der Patient die therapeutische Beziehung erlebt. c) Weiss u. Sampson (1984) zentrieren ihre Forschungen um die Frage, inwieweit der Therapeut die Prüfungen des Patienten hinsichtlich dessen „unbewußten Plans“ besteht.

Zwei Arten von Therapeutenproblemen im Zusammenhang mit der Handhabung des Bereichs der therapeutischen Beziehung haben sich aufgrund intensiver Supervisionsarbeit herausgestellt: a) der Therapeut ist sich in der Sitzung der Hinweise auf die Übertragung nicht bewußt, und b) der Therapeut ist sich dieser Hinweise zwar bewußt, versäumt aber, sie entsprechend zu berücksichtigen. Dem 1. Problem kann häufig sehr wirksam dadurch beigekommen werden, daß der Therapeut mehr Erfahrung in der Formulierung des zentralen Beziehungkonfliktthemas sammelt und sich während der Therapiesitzungen immer wieder einmal kurze Phasen des stillen Rückblicks als Vorbereitung auf seine Interventionen gestattet.

Als Erklärung für den 2. Problemtyp wird von den Therapeuten oft vorgebracht: „Ich wußte in dem Moment überhaupt nicht, was ich sagen sollte“ oder „Ich hatte Angst, es würde den Patienten belasten; deshalb habe ich nichts gesagt“. In den weiteren Diskussionen mit den Therapeuten sind ihre Schwierigkeiten und Gründe für das Zurückhalten ihrer Interventionen deutlicher geworden. Um eine Brücke zur Aufnahmefähigkeit des Patienten zu schlagen, ist es nützlich, auf Material zurückzugreifen, das vom Patienten selbst stammt und ihm in seiner Relevanz bezüglich der Beziehung zum Therapeuten bewußtseinsnahe ist. In der Supervision ergeben sich im Laufe der Falldiskussion mit dem Therapeuten oft Anregungen für Interventionsformen, die dem Therapeuten hilfreich und anwendbar erscheinen. Bisweilen kann auch ein Rollenspiel, in dem verschiedene Interventionsmöglichkeiten erprobt werden, dem Therapeuten bei der Lösung dieses Problems helfen.

Manchmal allerdings tut der Therapeut gut daran, sich in Zurückhaltung zu üben, wenn nämlich vorhergesehen werden kann, daß die geplante Intervention zu einer Belastung der therapeutischen Beziehung führen würde; in einem solchen Falle wäre das Erleben der therapeutischen Beziehung beim Patienten noch nicht bewußtseinsnahe genug ausgebildet, um dem Therapeuten eine dem Patienten wirklich verständliche Intervention im Hinblick auf dessen Beziehung zum Therapeuten zu gestatten.

Beispiel: Herr D.

Während der gesamten Sitzung erzählte der Patient von mehreren Frauen, die alle seine Wünsche und Bedürfnisse mit Füßen getreten und übergangen hätten, wobei er sich vereinnahmt und unfähig gefühlt habe, etwas zur Erfüllung seiner Wünsche und Bedürfnisse beizutragen. Beispielsweise:

P: Ich wollte den arbeitsfreien Tag genießen und nur das tun, wozu ich Lust hatte. Doch Mutter bat mich, ihr einige Unterlagen in die Stadt zu bringen und ihr gleichzeitig einen Besuch an ihrer Arbeitsstelle abzustatten. Ich kann dann nie neinsagen, obwohl ich am allerliebsten nein gesagt hätte.

T: Sie fühlen sich vereinnahmt und hilflos.

P: Ja, selbst bei meiner Freundin. Sie hatte ihre Pausenbrote zu Hause vergessen und erwartete dann von mir, den ganzen Weg wieder zurückzufahren und sie ihr zu holen; das sollte ich wirklich tun. Und ich wollte den Tag eigentlich für *mich* haben. Bei der Arbeit habe ich mich jetzt für eine strikte Arbeitsplanung entschieden; doch tatsächlich laufe ich herum und höre jedem zu, bloß mir nicht. Und ich spüre, wie der Druck zunimmt.

T: Auf Ihre Wünsche achtet offenbar wirklich niemand.

Nach der Vorstellung dieser Sitzung bemerkten der Supervisor und die Gruppenteilnehmer in der Diskussion einmütig, daß die Interventionen der Therapeutin auf die Beziehungen außerhalb der Therapie und gerade nicht auf die therapeutische Beziehung gerichtet waren; und daß dies auch auf die gesamte bisherige Behandlung zugetroffen habe. Die Therapeutin und die Teilnehmer der Supervisionsgruppe waren sich darin einig, daß das offen geäußerte Erleben der therapeutischen Beziehung als positiv anzusehen sei, daß aber die indirekten Hinweise auf die therapeutische Beziehung viel von dem Material enthalten, auf das die Therapeutin bisher noch nicht eingegangen sei. Die Therapeutin äußerte ihre Sorge, eine solche Thematisierung hätte die positive Beziehung zu ihrem Patienten, die doch für seinen beträchtlichen Fortschritt so förderlich gewesen sei, in ungünstiger Weise verändern können. Der Supervisor stimmte der Bedeutung dieser Überlegung für den Patienten zu, gab aber auch zu bedenken, daß nun für den Patienten eine Unterstützung als Einstieg dazu hilfreich sein könnte, offen darüber zu reden, wie er die Beziehung zur Therapeutin erlebe. Beispielsweise könnte sie sagen: „In bezug auf die Frauen, die Sie erwähnt haben, Ihre Mutter, ihre Freundin und andere, haben Sie den Eindruck, daß Ihre Wünsche und Vorstellungen nicht berücksichtigt werden und daß Sie statt dessen deren Wünsche erfüllen müssen. In der Beziehung zu mir stellt sich Ihnen dieses Problem im allgemeinen ja nicht; manchmal mag es Ihnen hier aber doch so ähnlich vorkommen." Eine solche Bemerkung kann ein erster Schritt sein, dem Patienten die Vorstellung zu vermitteln, daß er über die Beziehung zum Therapeuten durchaus sprechen kann.

Beispiel: Frau G.

Während der ersten Monate der Therapie beschrieb die Patientin wiederholt Situationen aus ihrer Jugend; irgendwie schien es für sie Verbindungen zu ihren Beziehungen als Erwachsene zu geben. In dem Gästehaus, das ihre Mutter betrieb, mußte sie viel schwere Hausarbeit erledigen; von der Mutter erfuhr sie niemals ein Zeichen von Liebe oder Anerkennung für ihre Arbeit. Die Männer in dem Gästehaus brachten ihr hingegen durchaus Zuneigung entgegen, was bei ihr aber zu Gefühlen von Wut, Depression und Schuld führte. Die Beziehung zum Therapeuten entwickelte sich im wesentlichen in Anlehnung an die Beziehung zur Mutter und teilweise auch wie die Beziehung zu Männern. Der Therapeut hatte niemals auf diese Parallelen hingewiesen, obwohl die Patientin in der Therapie häufig zu erkennen gab, daß sie sich stark nach Zuneigung und Anerkennuung durch den Therapeuten sehnte und daß sie dies auch offen zu sagen versuchte, aber nicht konnte. In der Supervision erläuterte der Therapeut, warum er hierüber mit der Patientin nicht offen zu sprechen wagte; wenn nämlich noch deutlicher würde, daß er ihre Wünsche doch nicht erfüllen könnte, dann, so fürchtete der Therapeut, könnte die Patientin noch enttäuschter und depressiver werden. Nachdem der Therapeut dies zur Sprache gebracht hatte, gelang es ihm besser, mit dem in der Supervision erarbeiteten Verständnis seine Angst abzubauen, indem er verstehen lernte, daß die Patientin ihre teilweise auf die therapeutische Beziehung übertragenen Beziehungsprobleme durchaus so zu sehen in der Lage ist und daß sie statt dessen mehr Anerkennung, Akzeptanz und Unterstützung empfinden könnte, wenn der Therapeut die eigentlichen Quellen ihrer Enttäuschung an sich offenlegen könnte.

Prinzip 5: Der Therapeut sollte bei seinen Interventionen immer wieder auf das zentrale Beziehungsthema zurückgreifen, weil es einen Fokus darstellt, der einer hilfreichen Beziehung und dem Gefühl für den Therapiefortschritt förderlich ist

Wenn das zentrale Beziehungsthema erst einmal umrissen ist, wird es bei jeder erneuten Thematisierung in unterschiedlichen Kontexten sowohl dem Therapeuten als auch dem Patienten immer klarer. Der Therapeut kann dann zu einem geeigneten Zeitpunkt dem Patienten etwa sagen: „Wir können jetzt das Problem in Ihren Beziehungen, das Sie zu lösen suchen, schon recht deutlich sehen. Bei diesem Problem geht es um ..." Eine solche Formulierung gestattet auch eine evtl. notwendige Änderung des Fokus; durch die Redewendung „wir können jetzt sehen" wird die Aufmerksamkeit auf den Behandlungsfortschritt gerichtet, und das Gefühl für die gemeinsame Arbeit wird durch das Wort „wir" vermittelt.

Beispiel: Herr H.

Der Patient ist 30 Jahre alt und leidet im wesentlichen unter Depressionen. Dieses Fallbeispiel soll verdeutlichen, wie der Therapeut dem genannten Interventionsprinzip gemäß dicht am Thema arbeitet. Zu einem frühen Zeitpunkt in der Therapie hatte der Therapeut wie folgt zusammengefaßt: „Ich verstehe. In Ihrer Arbeit fühlen Sie sich meist gelangweilt und entmutigt, und Sie sehen sich außerstande, zu Freunden die Beziehung herzustellen, die Sie sich vorstellen. Somit haben Sie das Gefühl, in Ihrem Leben richtig festgenagelt zu sein." Der Patient reagierte sehr zustimmend und fühlte sich verstanden; er fing dann an, sein Gefühl, festgenagelt zu sein, näher zu untersuchen. Nachdem der Therapeut weiter zugehört hatte, was der Patient sagte, konnte er schließlich hinzufügen: „Ich erinnere mich, daß Sie davon sprachen, daß Ihr Vater immer derjenige war, der die interessanten Dinge unternahm, und Sie dabei immer nur eine Nebenrolle spielten, gelangweilt und entmutigt, Ihrem Vater Handlangerdienste leisteten, während er die interessante Arbeit machte."

Nachdem in einigen weiteren Sitzungen die Bedeutung der Unbehaglichkeit und des Schmerzes, irgendwie festzusitzen, besprochen worden war, entwickelte sich ein immer deutlicher werdendes Verständnis hinsichtlich des zentralen Beziehungsthemas des Patienten, und damit verbunden entstand bei dem Patienten ein Gefühl für den Behandlungsfortschritt und für das gemeinsame Arbeitsbündnis. Es entwickelte sich der nun klarer formulierte Wunsch, sich durch Freude an der Arbeit und durch die Entwicklung von Stolz und Zufriedenheit von dem Gefühl, festzusitzen, zu befreien. Seine typischen „Konsequenzen" hatten das Gefühl beinhaltet, nur eine Nebenrolle zu spielen und gelangweilt und deprimiert zu sein; erst das Gefühl der Depression ließ ihn schließlich erkennen, daß er sich auf ein Abstellgleis begeben hatte. Er fing dann an, neue „Konsequenzen" zu erproben, z.B. wie er seiner Arbeit auch vergnügliche Seiten abgewinnen und wie er seine Freizeit besser genießen könnte.

Prinzip 6: Das Erreichen der Behandlungsziele erfordert bei jedem Patienten ein unterschiedliches Maß an Durcharbeiten und begleitender Einsicht

Für manche Patienten ist eine kurze Zeit des Durcharbeitens und der damit verbundenen Einsicht in die Beziehungsprobleme durchaus ausreichend. Andere Patienten hingegen benötigen sehr viel mehr an therapeutischer Arbeit, um die notwendigen Änderungen zu erreichen. Ähnlich können bei manchen Patienten schon kleinere Veränderungen in bestimmten Funktionsbereichen zu einem gewaltigen Unterschied im allgemeinen Funktionsniveau (Brenman 1952) führen. Aufgrund der Untersuchung von Wiederholungsbefunden gelangte Schafer (1958) zu einer ähnlichen Schlußfolgerung.

Die Behandlung von Frau N. (vgl. Kap. 5) sei als ein Beispiel genannt, bei dem Patient und Therapeut mit enormem Aufwand die Bedeutung der Objektwahl hinsichtlich der Formulierung ihrer Wünsche durcharbeiten mußten, ehe die Patientin sich in der Lage fühlte, das Interesse eines zu ihr passenden Mannes zu ertragen. Lange vor Erreichen dieses Zieles konnte ein anderes wichtiges Behandlungsziel, das mit ihrer Arbeitsfähigkeit zusammenhing, sehr viel leichter erreicht werden. Als brauchbare Faustregel dafür, wieviel Aufwand beim Durcharbeiten eines Themas getrieben werden soll, kann die Überlegung gelten, so weit zu gehen, wie für die Erreichung der Zielvorstellungen notwendig ist und wie die Motivation des Patienten es zuläßt.

Prinzip 7: Ein Vergleich der Mitteilungen von Patient und Therapeut dient als Überprüfung der Therapeuteninterventionen in der Sitzung

Eine Form der Überprüfung, inwieweit Therapeuteninterventionen angemessen sind, hat sich in der Praxis gut bewährt und kann Mitteilungsvergleichstest genannt werden. Diese Überprüfung funktioniert wie folgt: Wenn der Therapeut sich im Rückblick über eine Sitzung Gedanken macht, entweder noch während der Sitzung oder auch danach, kann er sich die folgenden 3 Fragen stellen: Wie lautet die wesentliche Botschaft des Patienten? Wie lautet die wesentliche Botschaft des Therapeuten als Antwort auf die Botschaft des Patienten? Wie gut ist die Therapeutenintervention auf die Botschaft des Patienten abgestimmt? Die Botschaft des Patienten kann, wie üblich, klinisch beschrieben werden, indem man sich noch einmal die Sitzung vor Augen hält und evtl. die Prozeßnotizen mit heranzieht. (Solche klinischen Beschreibungen entsprechen in der Regel weitgehend den systematischeren Formulierungen, die sich aus der Methode des zentralen Beziehungskonfliktthemas ergeben.) Die in den Therapeuteninterventionen enthaltene Botschaft wird auf dieselbe Weise beschrieben. Eine gute Sitzung ist nun jene, in der sich die 2 Botschaften hinreichend gut entsprechen.

Inzwischen liegen erste Forschungserfahrungen zum Mitteilungsvergleichstest vor. Dieses Konzept wurde erstmals in einer Untersuchung unter dem Stichwort „Therapeut reagiert wirksam auf die zentrale Mitteilung des Patienten" (Auerbach u. Luborsky 1968) eingesetzt.

Drei unabhängige Beurteiler konnten diese Variable mit einigermaßen guter Übereinstimmung einschätzen ($r = 0{,}65$; $P < 0{,}01$). In dieser Untersuchung stellte jeder Beurteiler zuerst die zentrale Botschaft des Patienten heraus, dann die sich darauf beziehende Intervention des Therapeuten, und schließlich wurde eingeschätzt, inwieweit der Therapeut die zentrale Botschaft des Patienten in sinnvoller und hilfreicher Weise aufgegriffen hat.

Beispiel: Herr B. N. (vgl. Verbatimprotokoll Anhang)

Um die Angemessenheit der Therapeuteninterventionen in dieser Sitzung einzuschätzen, kann der Leser intuitiv so vorgehen, als ob er der Therapeut in der Sitzung gewesen wäre, oder er kann die Sitzung insgesamt überblicken, nachdem er das Verbatimprotokoll gelesen hat. Der Leser kann sich aber auch in dem genaueren Vorgehen versuchen, die Botschaft des Patienten mit Hilfe der Methode des zentralen Beziehungskonfliktthemas zu formulieren. Für diesen Patienten wurde das zentrale Beziehungskonfliktthema von 4 Beurteilern unabhängig voneinander bestimmt; letztlich wurden diejenigen Komponenten berücksichtigt, die von den Beurteilern am häufigsten genannt wurden. Die Wunschkomponente lautet: „Ich möchte mich behaupten und meine Stärke und meine Meinungen und Fähigkeiten bewahren." Die Konsequenzen lauten: „Ich mache eben mit oder ziehe mich zurück." (Reaktion des Selbst) bzw. „Ich werde niedergemacht, oder ich werde zurückgewiesen" (Reaktion der anderen).

Dieses zentrale Beziehungskonfliktthema kann als „Botschaft" des Patienten angesehen werden. Um einschätzen zu können, inwieweit die Interventionen des Therapeuten dieser Botschaft entsprechen, müssen die Botschaften des Patienten und des Therapeuten miteinander verglichen werden. Am einfachsten geschieht dies, indem man die Therapeutenäußerungen,die in dem Verbatimprotokoll im Anhang durchnumeriert sind, durchliest. Bei den ersten Äußerungen des Therapeuten (T 1 - T 7) handelt es sich im wesentlichen um supportive Interventionen; z.B. eröffnet der Therapeut die Sitzung mit T 1: „Wie ist es Ihnen ergangen?" oder T 6: „Hierüber haben wir in der letzten Zeit ziemlich viel gesprochen." Der stärker expressive Teil der

Sitzung beginnt mit T 8; hier erkundet der Therapeut, wonach sich der Patient in Beziehungen sehnt. In T 14 hebt der Therapeut das Bedürfnis des Patienten hervor, sich in Beziehungen zu behaupten, und in T 17 untersucht der Therapeut dasselbe Problem, nämlich daß sich der Patient in der Beziehung zum Therapeuten zunächst „lebendiger" fühlte, doch dann ängstlich wurde und sich zurückziehen wollte. Anstatt dieses Thema weiter zu bearbeiten, hält der Therapeut es für erforderlich, dem Patienten hinsichtlich seines Rückzugs, der sich in Schweigen äußert, erneut Beruhigung und Unterstützung zu vermitteln.

Insgesamt stimmen also die Interventionen des Therapeuten hinlänglich gut mit der Botschaft des Patienten überein. Allerdings arbeitet der Therapeut das Beziehungsproblem, das der Patient in dieser Sitzung mit ihm hat, nicht deutlich genug in seinen Interventionen heraus; vielleicht hängt das aber auch damit zusammen, daß dies erst die 3. Sitzung ist.

Prinzip 8: Interventionen sollten zeitlich darauf abgestimmt sein, inwieweit der Inhalt der geplanten Intervention dem Patienten bewußtseinsnahe ist

Dies ist ein Standardthema in allen Abhandlungen zur Behandlungstechnik bei psychoanalytisch orientierten Psychotherapien. Entscheidungen hinsichtlich des geeigneten Interventionszeitpunkts sind gewöhnlich nicht schwer zu treffen; vom Therapeuten muß dabei berücksichtigt werden, wieviel der Patient weiß und was mit ihm bislang bearbeitet worden ist. Meist ergeben sich aus einer schlechten zeitlichen Abstimmung keine schwerwiegenden ungünstigen Folgen, es sei denn, die Intervention ist vom optimalen Zeitpunkt besonders weit entfernt. Der Therapeut braucht hauptsächlich nur zuzuhören und sich entsprechend dem Interventionsprinzip 1 auf den Beziehungsfokus einzustellen. Dementsprechend ist der Zeitpunkt gewöhnlich schlecht gewählt, wenn der Therapeut zu Beginn der Behandlung bestimmte tief verborgene Wünsche des Patienten zu deuten versucht, wie Freud (1913) beispielsweise bemerkt, „welches Maß von Selbstgefälligkeit und von Unbesonnenheit dazugehört, um einem Fremden ... nach der kürzesten Bekanntschaft zu eröffnen, er hänge inzestuös an seiner Mutter" (S. 474).

Prinzip 9: Die Ausführlichkeit und Komplexität jedes einzelnen Satzes einer Intervention sollte gering gehalten werden

Der Therapeut wird der Aufnahmefähigkeit des Patienten besser gerecht, wenn er seine Bemerkungen nicht zu lang oder zu komplex formuliert. Wenn in einer Bemerkung zu viel Material enthalten ist, fällt es dem Patienten meist schwer, alles aufzunehmen, und seine Aufmerksamkeit droht eher zerstreut als auf den wesentlichen Gedanken konzentriert zu werden. Darüber hinaus ist es wesentlich günstiger, wenn der Therapeut eine umfassende Intervention unterteilt und in den weiteren Teilinterventionen die Reaktionen des Patienten mit berücksichtigt.

Beispiel: Frau L.

In dem Ausschnitt aus dem Verbatimprotokoll der Sitzung mit Frau L. als ein Beispiel für das Verstehensprinzip 1 (Kap. 6) kann man feststellen, wie sich die Gesamtintervention des Therapeuten aus einzelnen Teilen zusammensetzt.

Prinzip 10: Der Therapeut benötigt bei deutenden Interventionen Geduld und Zurückhaltung, bis er ein ausreichendes Verständnis erreicht hat

Die meiste Sicherheit gewinnt der Therapeut durch das Wissen, daß es durchaus normal ist, wenn sich das Verständnis oft nur unvollständig und bruchstückhaft einstellt; es ist das Wesen des Verstehens, daß es sich meist sprunghaft und keineswegs allmählich oder gleichmäßig entwickelt. Es macht somit keinerlei Sinn, nur um des Intervenierens willen zu intervenieren oder um eine Gesprächspause zu überbrücken oder gar um dem Patienten bedeuten zu wollen, daß sich ein Verständnis entwickelt hat, ohne daß dies tatsächlich der Fall wäre. Der Therapeut kann die Unsicherheit in der Einschätzung seiner Leistungsfähigkeit als Psychotherapeut beherrschen, wenn er darauf vertrauen kann, daß sich das für die nächste Intervention erforderliche Verständnis und Wissen zur rechten Zeit schon einstellen wird; wenn es im Moment noch nicht vorhanden ist, dann wird es schon noch kommen. Weiteres Zuhören und Zurückblicken trägt ja bekanntlich zur Förderung des Verstehens bei (vgl. das Verstehensprinzip 5 im Kap. 6). Diese Erfahrung zu akzeptieren, ist eine Voraussetzung für Geduld und ist Patienten und Therapeuten gleichermaßen nützlich.

Nach einiger Zeit der Zusammenarbeit entwickelt sich ein entsprechender Prozeß auch beim Patienten, der dann auch gegenüber einem nicht sofort eintretenden Verständnis des sprachlichen Austauschs in der Therapie toleranter wird. Wenn sich Patienten entmutigt fühlen, weil sie nicht verstehen, was sie sagen, und deshalb den Therapeuten um eine Erläuterung bitten, dann kann oft beobachtet werden, daß sich bald danach allein durch weiteres Zuhören sowohl durch den Patienten als auch durch den Therapeuten einige wichtige Klarstellungen und Antworten ergeben, ohne daß der Therapeut direkte Erläuterungen geben muß.

Prinzip 11: Die zeitliche Abstimmung der Interventionen sollte die verbleibende Sitzungsdauer berücksichtigen

Oft ist es nützlich, in den ersten 5 bis 10 Minuten der Sitzung nur zuzuhören, um ein Gefühl für das aktuelle Hauptproblem des Patienten zu bekommen. In den nächsten 30 Minuten sollten dann die meisten Interventionen des Therapeuten erfolgen. Die letzten 5 bis 10 Minuten der Sitzung sind für die Einführung neuer Themen gewöhnlich ungeeignet, weil für eine ausreichende Besprechung die Zeit nicht reicht.

Prinzip 12: Wie der Gegenübertragung zu begegnen ist

Wie leicht wird der Therapeut dem Patienten gegenüber in bestimmte Gegenübertragungsreaktionen verwickelt! Wenn allerdings deren vielfältige Erscheinungsformen bekannt und unterscheidbar sind, dann kann der Therapeut erheblich besser mit ihnen umgehen (Singer u. Luborsky 1977). Im folgenden werden 4 Hauptformen von Gegenübertragungsreaktionen näher beschrieben:

a) Die klassische Gegenübertragungsreaktion des Therapeuten ist das entsprechende Gegenstück zur Übertragungsreaktion des Patienten. In diesem Fall reagiert der Therapeut gemäß seiner Beziehungsproblematik in Verbindung mit seinen „archaischen Objekten" auf den Patienten. Wie bereits erwähnt, ist der beste Schutz gegen diese Form der Gegenübertragungsreaktion eine ausreichende Erfahrung mit solchen Reaktionen, die am besten in Form einer persönlichen Psychotherapie des Psychotherapeuten zu erwerben ist, so daß solche Gegenübertragungsreaktionen schließlich rasch erkannt und entsprechend korrigiert werden können.

b) Die Bereitschaft, unreflektiert und ohne ausreichendes Verständnis zu intervenieren, entsteht gewöhnlich aus einer zu engen Verwicklung in den Austausch mit dem Patienten; die bisweilen erforderliche Distanzierung vom Patienten, die sich aus der Reflexion und dem Rückblick auf die therapeutische Beziehung ergibt, ist dann erheblich erschwert und beeinträchtigt.

c) Redl (1966) hat den Begriff der affektiven *Ansteckung* zur Beschreibung der Übertragung von Gefühlen und Stimmungen zwischen Menschen vorgeschlagen; wenn beispielsweise der Patient depressiv ist, wird auch der Therapeut depressiv, ist der Patient fröhlich, wird auch der Therapeut fröhlich. Wenn der Patient am stärksten in Beziehungsprobleme verwickelt ist, wird er wahrscheinlich die intensivste Belastung empfinden; diese Belastung wird vermutlich eine geteilte Belastung sein, da auch der Therapeut diese Belastung empfinden wird, wenn auch in abgeschwächter Form. Diese gegenseitige Abhängigkeit in den affektiven Reaktionen wurde von Greenblatt (1959) durch die gleichzeitige Ableitung psychophysiologischer Parameter von Patient und Therapeut illustriert.

Wenn der Therapeut auf das Auftreten dieses Phänomens in der Psychotherapie gefaßt ist, kann ihm dies zu einer gleichmäßigeren Stimmungslage verhelfen und ihm ersparen, die Stimmungen des Patienten unablässig mitzuempfinden (Butler u. Rice 1963). Aus der Arbeit von Witkin et al. (1968) ergibt sich, daß stark feldabhängige Therapeuten für eine solche affektive Ansteckung ziemlich anfällig sind. Als Ausgleich gehen mäßig feldabhängige Therapeuten hilfreicher auf den Patienten ein und tragen zur günstigeren Gestaltung der hilfreichen Beziehung bei (Luborsky et al. 1983). Stark feldunabhängige Therapeuten hingegen bleiben oft zu distanziert und reflektiert, so daß sie als kalt empfunden werden und zur Gestaltung einer warmen und herzlichen Beziehung zum Patienten nicht in der Lage sind.

d) Diese Form der Gegenübertragungsreaktion tritt in Erscheinung, sobald sich der Therapeut den negativen Erwartungen und Befürchtungen des Patienten entsprechend verhält. Daß eine solche ungute Übereinstimmung zwischen den negativen Erwartungen des Patienten und dem Verhalten des Therapeuten häufiger vorkommt, als man vermuten möchte, haben Singer u. Luborsky (1977) nachgewiesen. Sobald beispielsweise der Patient von seiner Angst spricht, daß andere Menschen ihm überlegen sind, beginnt der Therapeut unbemerkt, sich entsprechend dominant zu verhalten. Offenbar trägt der Patient zur Auslösung dieser Reaktion des Therapeuten bei; wie das geschieht, bleibt allerdings unklar. Vor solchen Gegenübertragungsreaktionen kann sich der Therapeut am ehesten schützen, wenn er für eine vernünftige Ausgewogenheit zwischen einem Zuhören mit gewisser innerer Beteiligung und einem eher distanzierten Zuhören sorgt. Wenn der Therapeut durch ein solches Zuhören das zentrale Thema der Beziehungsprobleme des Patienten kennengelernt hat, so dient ihm dieses Wissen als eine Schutzvorkehrung gegen eine unbeabsichtigte und unbemerkte Erfüllung der negativen Beziehungserwartungen des Patienten.

Beispiel: Frau K. U.

Die Patientin war eine 28jährige Universitätsabsolventin, deren Hauptproblem in der Angst bestand, sich von ihren Eltern abzulösen, sich in ihrer Arbeit zu entwickeln und mit Männern zusammenzutreffen. Die Patientin rechnete damit, daß die Eltern sie in ihren Verselbständigungs- und Ablösungsbemühungen nicht unterstützen würden. Sie hatte den Eindruck, die Eltern würden alles unternehmen, um sie weiterhin an sich zu binden. Zum Beispiel äußerten sie Kritik an ihrem Verhalten bei Vorstellungsgesprächen.

Dem Supervisor und den Mitgliedern der Supervisionsgruppe fiel auf, daß der Therapeut die deutlichen Bemühungen der Patientin, in ihrer beruflichen Weiterbildung voranzukommen und zunehmend über ihre zwischenmenschlichen Beziehungen nachzudenken, nicht recht zur Kenntnis nahm und irgendwie immer überging. Aufgrund dieser Beobachtung machte der Therapeut sich weiter Gedanken und stellte fest, daß er sich offenbar hatte verführen lassen, den negativen Erwartungen der Patientin zu entsprechen und die Anzeichen nicht zu bemerken, die auf ihre Entwicklung und Reifung hindeuten.

Prinzip 13: „Beinaheinterventionen": Der Impuls, antitherapeutisch zu intervenieren, bildet eine gute Grundlage für ein Verständnis des Patienten

Ein solcher Impuls, antitherapeutisch zu reagieren, wird vom Therapeuten oft als unerwünschter Zwischenfall aufgefaßt; tatsächlich kann ein solcher Impuls aber ausgesprochen wertvoll für ein besseres Verständnis des Patienten sein. Dieses Prinzip wird an dieser Stelle besprochen, weil es sich aus dem Abschnitt über die Gegenübertragungsreaktionen unmittelbar ergibt und das Verständnis solcher „Beinaheinterventionen" in der Regel zwanglos zu hilfreichen Interventionen führt.

Beispiel: Herr J. P.

Der Therapeut berichtete in der Supervision, daß er sich in den letzten beiden Sitzungen mit dem Patienten gelangweilt fühlte und den Drang verspürt habe, den Patienten zurückzuweisen und gereizt zu reagieren. Er hatte den Eindruck, daß er nichts anderes tun konnte als nur dazusitzen und dem Patienten bei seinen sich endlos wiederholenden Darstellungen zuzuhören; jedesmal, wenn er in durchaus therapeutischer Absicht intervenierte, fühlte sich der Patient kritisiert. Der Therapeut fühlte sich also vom Patienten benutzt und genötigt dazusitzen, ihm zuzuhören und die Frustration des fehlenden Behandlungsfortschritts zu ertragen.

Während der Besprechung dieser scheinbaren Sackgasse in der Supervision gelangten der Therapeut und der Supervisor zu der Überlegung, daß der Patient die Beziehung zum Therapeuten offenbar ständig überprüfen mußte; der Patient wollte dabei herausfinden, ob der Therapeut ihn wirklich akzeptierte. Vom Therapeuten akzeptiert zu werden, bedeutete für den Patienten allerdings, daß der Therapeut nichts tun durfte, was in Einklag mit seiner Funktion als Psychotherapeut stand. Dies konnte schließlich auch mit dem Patienten zum beiderseitigen weiteren Wohle besprochen werden.

Phase 1': Erneutes Zuhören

Nach einer Intervention kehrt der Therapeut wieder zum Zuhören zurück, doch dieses erneute Zuhören muß als eine neuartige Phase des Zuhörens angesehen werden. Neu ist diese Phase in dem Sinne, daß der Therapeut nun die Reaktion des Patienten auf seine Interventionen kennt. Daß der Therapeut die Reaktion des Patienten kennt, ist ihm für die Formulierung der nächsten Intervention hilfreich. Bei der Auswahl der einzelnen Interventionen sollte sich der Therapeut nicht nur an die Formulierung des zentralen Beziehungskonfliktthemas halten, sondern gleichermaßen die Reaktion des Patienten auf die vorangegangene Therapeutenintervention berücksichtigen. In der Reaktion des Patienten sind häufig Anhaltspunkte enthalten, die zu einem umfassenderen Verständnis auch anderer Teilaspekte des zentralen Beziehungskonfliktthemas beitragen. Es ist also keineswegs nötig, mit einer Intervention sozusagen „alles auf eine Karte zu setzen", weil in den Reaktionen des Patienten immer Hinweise enthalten sind, die die weitere therapeutische Linie nahelegen: entweder wird die bisherige Richtung beibehalten, oder es erfolgt eine Kursänderung.

Für den Therapeuten ist es ein oft schwieriger Balanceakt, offen zu sein für das, was der Patient im Moment sagt, und gleichzeitig frühere Themen der Beziehungsprobleme des Patienten zu berücksichtigen. Es kostet Kraft, die Aufmerksamkeit voraus- und zurückzulenken, und es kostet Kraft, unter dem Eindruck der früheren Darstellungen des Patienten immer wieder eine Offenheit der Aufmerksamkeit und Wahrnehmung zu erringen, neue Informationen aufzunehmen und, wenn notwendig, Hypothesen zu verändern.

Glücklicherweise handelt es sich bei der Fähigkeit, immer wieder ein ausgewogenes Gleichgewicht zwischen der Offenheit für neue Hinweise und der Verfügbarkeit früher benannter Themen herzustellen, um eine durchaus entwicklungsfähige und lernbare Fähigkeit. Diese Fähigkeit beruht im wesentlichen auf dem Wissen um die Prinzipien des Zuhörens, Verstehens und Intervenierens, wie sie in diesem Manual beschrieben sind. Das Wissen um diese Prinzipien wirkt sich beim Therapeuten angstmindernd aus und erleichtert damit seine Aufgabe des Zuhörens, Verstehens und Intervenierens (Spence u. Lugo 1972).

8 Beendigung der Behandlung

Der Patient beginnt sich über die Beendigung der Behandlung ernsthaftere Gedanken zu machen, sobald das Erreichen der Behandlungsziele in Sicht ist. Zu diesem Zeitpunkt verliert die Fortführung der Behandlung an Dringlichkeit. Dennoch stellen sich Therapeut und Patient auf das in Aussicht genommene Behandlungsende ein, wie es sonst ja auch 2 Menschen tun, die für einander wichtig geworden sind und nun auseinandergehen müssen. Dieses Kapitel ist nach 5 grundlegenden Gesichtspunkten strukturiert, wie Patient und Therapeut die Trennung gemeinsam vorbereiten sollen. Zu jedem dieser Gesichtspunkte werden dem Therapeuten einige Empfehlungen an die Hand gegeben, die in erster Linie darauf abzielen, die mit der Trennung verbundene Belastung so klein wie irgend möglich zu halten und sicherzustellen, daß die Behandlungserfolge mit größter Wahrscheinlichkeit auch über das Behandlungsende hinaus bestehen bleiben.

1) Patient und Therapeut erinnern sich gegenseitig daran, wann die Behandlung tatsächlich zu Ende sein wird, damit sie sich gemeinsam darauf einstellen können. Es ist empfehlenswert, wenn der Therapeut den genauen weiteren zeitlichen Ablauf der Behandlung zu diesem Zeitpunkt nochmals verdeutlicht.
2) Patient und Therapeut besprechen gemeinsam die Bedingungen, unter denen die Behandlung zum Ende kommen wird. Es empfiehlt sich, daß der Therapeut schon erste, vorläufige Anzeichen beim Patienten zur Kenntnis nimmt, die auf eine Beendigung hindeuten; daß er Behandlungsabschnitte hervorhebt und damit Meilensteine des Therapieverlaufs setzt; daß er auf den Behandlungserfolg hinsichtlich der ursprünglich verabredeten Therapieziele hinweist; daß er deutlich macht, daß ein Behandlungserfolg nicht die Lösung aller Probleme bedeutet.
3) Bisweilen mag es vorkommen, daß Patient und Therapeut die Hoffnung verlieren, jemals die Behandlungsziele und damit einen guten Ausgang der Behandlung zu erreichen; unter solchen Umständen neigt meist der Patient voreilig dazu, die Behandlung abzubrechen. Der Therapeut sollte sich in solchen Fällen verschiedene Möglichkeiten der Handhabung solcher Absichten überlegen und dabei besonders sein Verständnis der Übertragung nutzen.
4) Obwohl die Behandlungsziele erreicht sind, sorgen sich Patient und Therapeut, ob das Erreichte Bestand haben wird, ob sie die Trennung werden bewältigen können, und ob der Patient wirklich zur Beendigung der Behandlung in der Lage ist. Es empfiehlt sich, daß der Therapeut frühere Trennungserfahrungen zur Sprache

bringt und das eventuelle Wiederauftreten von Symptomen als eine Möglichkeit für die Untersuchung der Bedeutung des bevorstehenden Therapieendes ansieht.

5) Patient und Therapeut besprechen die Frage einer erneuten Konsultation nach Abschluß der Behandlung. Es empfiehlt sich, daß der Therapeut die Möglichkeit einer erneuten Konsultation grundsätzlich zuläßt und mit dem Patient bespricht, wie vorzugehen ist, wenn der Patient zu einem späteren Zeitpunkt die Wiederaufnahme der Therapie für erforderlich hält.

Klärung des weiteren zeitlichen Ablaufs

In der zeitlich nicht festgelegten Form der analytischen Psychotherapie ist es hilfreich, gleich zu Beginn über die Dauer der Behandlung und über ihre zeitliche Festlegung zu sprechen. Der Therapeut könnte etwa sagen: „Die Dauer der Behandlung ist nicht festgelegt; das bedeutet, daß wir die Therapie so lange fortsetzen, bis Sie mit den dann erreichten Veränderungen zufrieden sind. Das kann wenige Monate dauern oder aber auch sehr viel länger; das werden wir am besten im weiteren Verlauf der Behandlung sehen."

In der zeitlich festgelegten Form der analytischen Psychotherapie, in der der Patient zu Beginn der Behandlung zu wenigstens 2 passenden Gelegenheiten über die Dauer der Therapie ins Bild gesetzt worden ist, stellt sich das Problem der Entscheidung, wann die Therapie zu beenden ist, weniger krass. Manche Patienten „vergessen" gern das abgesprochene Behandlungsende, so daß eine entsprechende klare und unmißverständliche Bemerkung zu Behandlungsbeginn das mögliche Gefühl der Zurückweisung verringern helfen und es dem Patienten erleichtern kann, sich auf die Trennung bei Behandlungsende einzustellen. Eine zeitlich festgelegte Psychotherapie kann bedeutsame Besserungen beim Patienten bewirken, und dies zu wissen, kann dem Therapeuten die Handhabung des Behandlungsendes erleichtern. Solche Besserungen sind gewöhnlich nicht geringer als jene bei zeitlich nicht festgelegten Behandlungen (wenn man den vorliegenden empirischen Untersuchungen glauben möchte; vgl. die Übersicht von Luborsky et al. 1975). Wenn die Behandlung von Anfang an hinreichend deutlich als zeitlich festgelegte Therapie strukturiert wird, dann machen darüber hinaus die Patienten auch hier alle Phasen einer längeren Psychotherapie durch, wenn auch in zeitlich geraffter Weise, und sind weniger anfällig dafür, die Beendigung der Behandlung als zu abrupt, verfrüht oder ungerechtfertigt zu erleben. Da Patient und Therapeut die zeitliche Perspektive zu Beginn und im Laufe der Behandlung klar sehen, wird vieles von dem, was sich in einer längeren Psychotherapie ereignet, durch die striktere zeitliche Begrenzung geformt, so daß die Behandlung dennoch eine Anfangs-, eine Mittel- und eine Beendigungsphase aufweist. Wenn der Patient nicht von sich aus auf das Behandlungsende zu sprechen kommt, obwohl es nicht mehr so fernliegt, sollte der Therapeut herausfinden, ob der Patient nur nicht davon spricht, sich aber dennoch sehr wohl auf die bevorstehende Beendigung einstellt.

Beachtung von Anzeichen, inwieweit der Patient auf die Beendigung der Behandlung eingestellt ist

Der Kontext, in dem sich der Patient mit Gedanken über eine Verringerung der Sitzungsfrequenz oder über die Beendigung der Behandlung beschäftigt, ohne daß sich dieses Thema ernsthaft stellt, enthält oft wichtige Hinweise auf die Einstellung des Patienten gegenüber dem Behandlungsende. Das Thema, das der Patient im Zusammenhang mit der Erwägung der Möglichkeit des Behandlungsendes anschneidet, ist häufig eines, das nach weiterem Durcharbeiten den Patienten befähigt, die Behandlung wirklich zu beenden. Bisweilen ist es angebracht, wenn der Therapeut auf diesen Gesichtspunkt hinweist.

Beispiel: Herr T. G.

P: Durch meinen beruflichen Erfolg fühle ich mich jetzt wirklich gut. Vielleicht kann ich jetzt darüber nachdenken, die Sitzungszahl von 2 Sitzungen auf 1 Sitzung pro Woche zu verringern.

T: So ein gutes Selbstgefühl zu erlangen, ist für Sie so wichtig, daß Sie dann den Eindruck haben, dem Behandlungsende nähergekommen zu sein.

Als der Patient über eine Verringerung der Sitzungsfrequenz sprach, meinte er damit, daß er ein besseres und stabileres Selbstgefühl entwickelt hatte. Die weitere Bearbeitung eben dieses Themas würde dem Patient schließlich die Beendigung der Behandlung ermöglichen. Für diesen Patienten, bei dem das fokale Behandlungsziel in der Therapie fortwährend beachtet werden mußte, dient die Thematisierung des Behandlungsendes letztlich dazu, sich mit dem Therapeuten über die Verbindung zwischen dem Erreichen seines Zieles und der Verringerung der Sitzungsfrequenz zu verständigen.

Hervorhebung von Behandlungsabschnitten und damit Setzung von Meilensteinen im Therapieverlauf

Während der gesamten Behandlung sollte der Therapeut ein besonders Augenmerk auf solche Phasen haben, in denen ein Teilziel des Patienten erreicht worden und somit ein Behandlungsabschnitt zu einem Ende gekommen ist; auf diesen Gesichtspunkt hat besonders Schlesinger (1977) hingewiesen. Dieser Grundsatz gilt für kürzere zeitlich festgelegte Psychotherapien in besonderem Maße. Durch Hervorhebung solcher abgerundeter Behandlungsabschnitte mit einem erreichten Teilziel seitens Therapeut und Patient werden Meilensteine im Therapieverlauf gesetzt, die dem Patienten ein gutes und nachvollziehbares Gefühl für Fortschritt und Vollendung vermitteln können; hierauf wurde bereits im Abschnitt über die Einleitungsphase in Kap. 4 hingewiesen. Damit kann auch einer unreflektierten Verwicklung in die Übertragungsbeziehung entgegengewirkt werden, in der der Patient zu intensiv zu glauben gewillt ist, daß es sich bei dieser therapeutischen Beziehungserfahrung um eine reale Beziehung handelt.

Das folgende Beispiel aus einer Behandlung soll verdeutlichen, daß die Betonung des Anfangs und des Endes von Behandlungsphasen im Hinblick auf Teilziele sich für den Patienten günstig auswirkt und ferner als fortschreitender Prozeß einer sich immer weiter präzisierenden Problemdiagnostik aufgefaßt werden kann.

Beispiel: Herr F.

Der Patient stand vor dem letzten Monat einer jahrelangen Behandlung, in der er allmählich das zentrale Thema hauptsächlich im Bereich seiner Verletzlichkeit sehen konnte. Er war paranoid empfindlich auf Anspielungen oder Vorhaltungen, unmännlich zu sein. Lange Zeit in der Therapie lautete sein zentrales Thema: „Ich möchte mich in Ordnung fühlen", worunter er verstand, männlich zu sein, „doch ich werde ständig unterschätzt". In der letzten Sitzung vor der Supervisionsstunde war deutlich geworden, daß sich der Patient stark mit dem Therapeuten identifizierte und eine kameradschaftliche Bindung an ihn entwickelt hatte; er hatte jetzt das Gefühl, in seinem allgemeinen Wohlbefinden dem ursprünglichen Therapieziel schon wesentlich nähergekommen zu sein. So sagte er beispielsweise: „Ich habe das Musikstipendium erhalten, und ich kann das Studium nun auch finanzieren." Er erzählte, daß er mit seiner neuen Freundin zum erstenmal geschlafen habe, und er fügte hinzu: „Es war gut; meine Beziehungen werden besser. Was ich jetzt noch möchte, ist, den Menschen näherzukommen. Auch Ihnen möchte ich näherkommen; ich hätte wirklich Lust, mit Ihnen und Ihrer Frau zusammen mit meiner Freundin ins Kino oder in ein Konzert zu gehen."

Im Sinne von Schlesinger (1977) kann dieser Zeitpunkt in der Therapie insofern als Vollendung eines Behandlungsabschnitts verstanden werden, als der Patient eine zufriedenstellendere Lösung hinsichtlich seines Ziels erreicht hat, sich männlicher zu fühlen und folglich weniger verletzlich für die Thematik der Unmännlichkeit zu sein. Er hatte den Eindruck, daß er auf dem besten Weg sei, dies zu erreichen, sowohl gegenüber Frauen als auch in seiner Arbeit.

In der Supervision wurde der Therapeut angeregt, mit dem Patienten darüber zu sprechen, daß er ja nun ein Hauptziel der Behandlung erreicht und jetzt noch ein weiteres Ziel benannt habe; dann sollte der Therapeut auf die Reaktion des Patienten achten und auf diese Weise versuchen, die Bedeutung der Aufforderung des Patienten zu verstehen. Der Patient hat indirekt, aber eben nicht offen, im wesentlichen gesagt: „Im Moment werden ich in meiner Männlichkeit nicht unterschätzt. Ich glaube, daß ich eine solche Erfahrung auch weiterhin vermeiden kann, wenn Sie (der Therapeut) auch über das Ende der Behandlung hinaus mit mir in Kontakt bleiben." So lautet denn auch die entscheidende Vorstellung des Patienten, die mit ihm besprochen werden muß, daß er glaubt, über eine fortbestehende Verbindung zum Therapeuten sein Männlichkeitsgefühl sichern und besiegeln zu können. Eine andere Bedeutung dieses neuen Ziels, mit dem Therapeuten über das Behandlungsende hinaus Kontakt zu halten, kann auch darin gesehen werden, daß sich der Patient die Behandlungsfortschritte zu bewahren hofft, indem er die Trennungserfahrung umgeht. In jedem Falle müßte nun näher untersucht werden, was den Patienten wirklich zu der Bemerkung gebracht hat, daß er zwar sein Behandlungsziel erreicht, aber sogleich ein zusätzliches neues Ziel ins Auge gefaßt hat.

Anerkenne die „Ankunft" an einem Endpunkt, an dem Behandlungsziele erreicht sind

Wichtige anfängliche Behandlungsziele befriedigend erreicht zu haben, bildet eine gute natürliche Grundlage für die Thematisierung des Behandlungsendes. Behandlungsziele befriedigend erreicht zu haben bedeutet, daß die Symptome und der mit ihnen verbundene Leidensdruck völlig verschwunden sind oder sich so weit verringert haben, daß sie erheblich weniger drängend sind. Ein solcher befriedigender Zustand sollte dann auch von Patient und Therapeut hervorgehoben werden.

Dennoch ist dies keine ausreichende Bedingung für das Behandlungsende. Um sich dem Behandlungsende weiter annähern zu können, muß der Patient zu der Auffassung gelangen, daß es keine weiteren neuen Behandlungsziele gibt, die den therapeutischen Aufwand lohnen. Von besonderer Bedeutung ist hierbei die Bereitschaft des Patienten, sich mit der Trennung vom Therapeuten zu beschäftigen; erst wenn diese Trennungsthematik durchgearbeitet ist, können die Behandlungserfolge auch über das Therapieende hinaus fortbestehen bleiben. Ist diese Bereitschaft nicht deutlich genug vorhanden, dann werden dem Patienten neue Behandlungsziele mit der Absicht der Fortführung der Behandlung einfallen; in einem solchen Fall muß die Schwierigkeit beim Umgang mit Trennungserfahrungen in den Mittelpunkt der Behandlung gerückt werden.

Beispiel: Frau L. H.

In diesem Fallbeispiel fühlte sich die Patientin immer besser in der Lage, sich auf einen Zeitpunkt für das Behandlungsende festzulegen; diese zunehmende Bereitschaft beruhte großenteils darauf, daß sie ihr Behandlungsziel erreicht hatte, nämlich ihre unkontrollierten Eßanfälle mit anschließendem Erbrechen (Bulimie) sehr viel besser in ihre Gewalt zu bekommen. Durch einen Traum fühlte sie sich zusätzlich darin bestärkt, sich mit dem Behandlungsende auseinanderzusetzen; in dem Traum hält sie den Kontakt mit ihrer Therapeutin aufrecht und erhält Anerkennung von ihr, da sie im Traum sehr erfolgreich in demselben psychosozialen Bereich arbeitet.

P: Ich staune, wie ich mit Problemen fertig werde. Es ist herrlich! Ich gehe zur Schule und helfe gleichzeitig S., zur Operation ins Krankenhaus zu gehen. ... Es gibt viele solcher Beispiele, und trotzdem fühle ich mich wohl, vollkommen wohl. Ich muß immer daran denken,

daß wir darüber gesprochen haben, daß ich vielleicht bald nicht mehr zu ihnen kommen kann und daß ich kurz danach diesen Traum hatte:
Ich weiß nicht mehr, ob ich zu Ihnen in die Stunde kam oder nur so auf Besuch; jedenfalls war es hier in diesem Zimmer. Sie waren nicht so weit weg, und das Zimmer war nicht so groß. Sie unterhielten sich gerade mit einer seelisch kranken Patientin; sie erinnerte mich an eine Frau, die ich vor einigen Wochen in der Notfallambulanz gesehen hatte. Sie sagte: „Ich brauche Hilfe." Sie sprachen so leise, daß ich Sie nicht verstehen konnte. Ein Telefonanruf beendete die Sitzung mit dieser Frau. Sie ging jedoch nicht, sondern bat mich, Platz zu nehmen, und erzählte mir von ihren Problemen und daß sie Hilfe brauchte. Dann ging sie, und Sie kamen wieder. Ich weiß immer noch nicht, ob es eine Therapiesitzung war oder ein Besuch; wir sprachen dann über den Fall dieser Frau. Sie bestätigten meine Beobachtungen, und ich erzählte Ihnen, was sie mir gesagt hatte.
Für mich ist es wichtig, denn ich habe den Eindruck, daß ich Sie nicht mehr so sehr als meine Therapeutin sehe und nicht mehr so dringlich zur Therapie muß.

T:. Was haben Sie für Gedanken zu dem Traum?

P: Ich denke daran, daß ich nicht mehr oft zu Ihnen kommen werde und daß ich Sie eher als Kollegin empfunden habe. Ich werde mich auch mit dem psychosozialen Bereich befassen. In dem Traum habe ich sie eher als Kollegin gesehen.

T: Der Traum beinhaltet den natürlichen Wunsch nach einer andersartigen Beziehung zu mir. Nach dem Ende der Therapie werden wir einander nicht mehr sehen, und deswegen wünschen Sie sich eine andere Art der Beziehung zu mir.

P: Ich habe schon darüber nachgedacht, wie das sein wird, wenn wir aufhören. Kann ich Sie nach einigen Monaten oder in einem Jahr noch einmal aufsuchen, nur um Ihnen zu sagen, wie es mir ergangen ist? Nicht daß ich in die Therapie zurück möchte, keine Bange! Nur um den Kontakt nicht zu verlieren.

T: Ich höre immer gern von Ihnen und wie es Ihnen geht.

P: Ich hätte wirklich gern Ihre Telefonnummer. Das wäre eine gewisse Sicherheit für mich, für den Notfall. Nicht daß ich es mir herbeiwünsche; ich möchte Sie nur in einem eventuellen Notfall erreichen können.

T: (Gibt ihr die Telefonnummer des Sekretariats.) Hier werden Sie immer erfahren, wie ich zu erreichen bin; ich würde sehr gern wieder einmal von Ihnen hören.

P: Ich bin jetzt nicht einmal so sehr besorgt, alleine weitermachen zu müssen, denn die letzten 2 Wochen sind so schwierig gewesen, und ich bin trotzdem damit fertig geworden. Ich traue mir jetzt sehr viel mehr zu, und ich achte jetzt auch mehr auf mich. Ich mag gar nicht glauben, daß ich noch vor einem Jahr so sehr vom Essen besessen war, obwohl ich immer noch gern esse! Ich beschäftige mich jetzt anders mit dem Essen.

Beispiel: Frau L.

In diesem Fallbeispiel hätte das Erreichen der Behandlungsziele beinahe das Therapieende herbeigeführt; doch dann kamen neue Zielvorstellungen hinzu, die die Fortführung der Behandlung rechtfertigten.

Das anfängliche Behandlungsziel war, Wege zu finden, wie die Patientin den fast lebenslangen Hang zu schweren Depressionen überwinden könnte. Nach der ungefähr 2 Jahre dauernden Therapie mit 2 Sitzungen pro Woche machte sich die Patientin nun über das Behandlungsende Gedanken, weil schon seit 9 Monaten keine Depressionen mehr aufgetreten waren und sie sich zusätzlich in ihrer Arbeit jetzt durchgängig belastungsfähiger fühlte. Sowohl die Patientin als auch der Therapeut nahmen diesen Meilenstein gebührend zur Kenntnis. Die entscheidende Verringerung ihrer Depressionsneigung kam mit dem Durcharbeiten ihrer Angst vor einer Rivalität mit ihrer Schwester, ihren Eltern und mit dem Therapeuten zustande. Das Beziehungsproblem blieb auch nach dem 9monatigen Ausbleiben der schweren Depressionen weiterhin deutlich bestehen; es zeichnete sich allerdings ab, daß die Patientin jetzt über bessere Möglichkeiten der Beziehungsgestaltung verfügte, indem sie sich stärker zu behaupten wagte. Nachdem eine Therapiebeendigung ernsthaft in Betracht gezogen worden war, wurde eine neue Behandlungsphase mit einer begrenzten und dem ursprünglichen Ziel verwandten Zielsetzung begonnen.

Das Erreichen der Behandlungsziele bedeutet nicht, daß alle Beziehungsprobleme gelöst sind

Gegen Ende einer Psychotherapie sind gewöhnlich Besserungen erreicht a) in den Leitsymptomen, die ursprünglich zu Beschwerden geführt haben, und b) in der mit der Symptomatik verbundenen Beziehungsthematik. Patienten kommen meist an einen Punkt, an dem sie den Eindruck gewinnen, daß die meisten wesentlichen Behandlungsziele ganz gut erreicht wurden, auch wenn noch manche Ziele offen geblieben sind; die Symptome ändern sich mit größerer Wahrscheinlichkeit als die Beziehungsprobleme.

Auch zum Behandlungsende sind die anfänglichen Beziehungsprobleme immer noch erkennbar, doch glücklicherweise mit einer wichtigen Bereicherung: der Patient kann die Probleme besser bewältigen und lösen. Diese Behauptung wird durch die Forschung zur Methode des zentralen Beziehungskonfliktthemas gestützt (Luborsky 1977): Ein Vergleich einer Gruppe von gut und einer Gruppe von wenig gebesserten Patienten ergab, daß das zentrale Beziehungskonfliktthema zu Beginn und gegen Ende der Behandlung in beiden Patientengruppen gut zu erkennen war; der entscheidende Unterschied zwischen den beiden Gruppen lag nun darin, daß die gut gebesserten Patienten gegen Therapieende erheblich umfangreichere Möglichkeiten der Bewältigung ihrer Beziehungsprobleme hatten.

Das folgende Fallbeispiel wie auch das vorangegangene Beispiel von Frau L. sollen diesen Befund veranschaulichen.

Beispiel: Herr Q.

Das wichtigste Behandlungsziel lag in der Verringerung seiner Neigung zu schweren Depressionen. Das weiter oben beschriebene zentrale Beziehungskonfliktthema verdeutlichte sein Unzulänglichkeitsgefühl bei einem Vergleich mit anderen Männern; immer wenn er wütend wurde, entwickelte sich die Depressionsneigung, oft auch deshalb, weil er sich in solchen Vergleichen als unterlegen und minderwertig empfand. Gegen Ende der Behandlung wurde der Patient in seinem Beruf erfolgreicher, hatte inzwischen geheiratet und eine erhebliche Verringerung seiner Unzulänglichkeitsgefühle erreicht. Dementsprechend hatte seine Kontrolle über die Depressionen zugenommen, die nun seltener und weniger intensiv auftraten. Bisweilen entwickelte er immer noch dieselben Unzulänglichkeitsgefühle und die Wut auf Männer; er war nun aber sehr viel besser in der Lage, seine Gefühle der „Untauglichkeit" und Minderwertigkeit, die früher immer von einer Depression gefolgt waren, zu regulieren. Er konnte sich nun vorstellen, die Behandlung zu beenden, und der Therapeut war einverstanden.

Umgang mit dem Wunsch von Patienten, die Behandlung vorzeitig zu beenden

Manche Patienten gelangen in der Psychotherapie an einen Punkt, an dem sie den Drang spüren, die Behandlung vorzeitig abzubrechen. Die Patienten erklären diesen Drang häufig mit ihrer Enttäuschung, in der Therapie nicht das zu bekommen, was sie sich vorgestellt haben, oder ebenso häufig mit veränderten äußeren Umständen, die die Beendigung der Psychotherapie verlangen. Glücklicherweise wird dieser Drang meist nicht sofort in die Tat umgesetzt.

In solchen Fällen sollte sich der Therapeut Gedanken darüber machen, wie sich dies aus der Beziehung zum Patienten heraus verstehen läßt. Häufig wird der Therapeut zu dem Schluß gelangen, daß der Patient deshalb einen Behandlungsabbruch ins Auge faßt, weil er in ein Übertragungsproblem verwickelt ist, mit dem er nicht gut zurechtkommt. Wenn der Therapeut das Übertragungsproblem offen zur Sprache bringt, führt dies meist zu einer Klärung der Beziehungsproblematik, die vom Patienten empfundene Bedrohung durch die Therapie legt sich, und Patient und Therapeut können einen wichtigen Zugewinn an Verständnis erreichen.

Dennoch gelingen solche Übertragungsdeutungen manchmal nicht, und der Therapeut muß zwangsläufig zu der Auffassung kommen, daß seine Deutungsbemühungen bei dem Patienten nicht zur Verringerung des drängenden Wunsches nach vorzeitiger Beendigung der Therapie führen. Der Therapeut kann dann darüber nachdenken, ob eine direktere Erfüllung der Bedürfnisse des Patienten angebracht wäre: entweder durch eine Ausdünnung der Übertragungsbeziehung oder durch Verringerung des auf dem Patienten lastenden äußeren Drucks (wie in dem unten aufgeführten Fallbeispiel, in dem der Therapeut dem Patienten hinsichtlich der Terminplanung besonders entgegenkommt). Unter solchen Umständen sollte der Therapeut den Druck auf den Patienten so direkt und unmittelbar wie irgend möglich zu verringern suchen, eingedenk der unumgänglichen Tatsache, daß der Therapeut einen Patienten nicht behandeln kann, wenn dieser nicht kommt.

Wenn aber die beiden vorgeschlagenen Wege fehlgeschlagen und ein Behandlungsende unvermeidlich erscheint, dann sollten bis zum Zeitpunkt des tatsächlichen Abbruchs noch einige weitere Sitzungen stattfinden, damit Patient und Therapeut in Ruhe gemeinsam überlegen können, was geschehen ist. Eine solche Verabredung ist um so leichter zu treffen, wenn eine solche Möglichkeit des Rückblicks bereits zu

Beginn der Behandlung im Zusammenhang mit den allgemeinen Therapieregelungen besprochen und vereinbart worden ist. Sobald das Behandlungsende bevorsteht, sollte der Therapeut in jedem Falle anregen, eine bestimmte Zahl von Sitzungen bis zum Therapieende für einen gemeinsamen Rückblick auf den bisherigen Therapieverlauf zu nutzen.

Beispiel: Frau B. D.

Die Patientin bemerkte, daß sie durch den Umfang an Nebentätigkeiten, die sie sich aufgeladen hatte, nun unter einen enormen Druck geraten sei; unter diesen Umständen zur Therapie zu kommen, sie ihr zu viel, besonders zur bislang üblichen Zeit. Die Therapeutin verdeutlichte ihr Bemühen, eine auch für die Patientin geeignete neue terminliche Verabredung zu treffen.

Die Intervention der Therapeutin richtete sich nicht ausreichend auf das Übertragungsproblem, an dessen Entstehung sie teilweise selbst mit beteiligt war; die Therapeutin hatte nicht berücksichtigt, daß sie in der letzten Sitzung mit zur Belastung der Patientin beigetragen hatte, indem sie auf deren Bedürftigkeit im Zusammenhang mit ihren erheblichen und sie beunruhigenden körperlichen Problemen nicht eingegangen war. Die Patientin hatte den gleichen Druck beschrieben, wie sie ihn früher erlebt hat, als ihre Mutter ihr unter ähnlichen Umständen nicht geholfen hatte. Eine Übertragungsdeutung unter Einbeziehung des Therapeutenverhaltens hätte die Überbelastung der Patientin und ihre sich hieraus ergebende Bereitschaft zum Therapieabbruch verringern können.

Die Berücksichtigung früherer Trennungserfahrungen erleichtert die Beendigung der Therapie

Erfahrung mit Trennungsreaktionen verhilft dem Patienten zur Vorbereitung auf die Beendigung der Therapie (Edelson 1963). Die gesamte Beendigungsarbeit ohne jede Vorbereitung zu erledigen, ist schwierig; es ist beinahe zu spät, wenn die Beendigung die erste entsprechende Erfahrung im Laufe der Therapie ist.

Glücklicherweise bringt das Leben aber entsprechende Gelegenheiten schon mit sich, beispielsweise Urlaub, Fortbildungen oder Erkrankungen. Die Bearbeitung solcher Unterbrechungen muß nicht besonders tiefgehen; oft genügt es, wenn der Patient bemerkt, daß er auf eine solche Behandlungsunterbrechung reagiert. Die Reaktionen können sehr unterschiedlich sein; häufig treten jedoch Wut und Rachegedanken, Einsamkeits- und Verlassenheitsgefühle sowie Anzeichen einer vergrößerten Distanzierung auf. Ein deutlicher Hinweis auf eine solche Distanzierung, die im nächsten Abschnitt näher untersucht wird, besteht darin, daß sich ein Behandlungsrückschritt einstellt und Symptome wiederkehren.

Die Wiederkehr von Symptomen als eine Möglichkeit, die Bedeutung des Behandlungsendes zu handhaben

Sowohl in der zeitlich festgelegten als auch in der zeitlich nicht festgelegten Form der Psychotherapie gibt es gegen Behandlungsende meist eine Zeitspanne, in der die anfängliche Symptomatik wieder auftritt. Wenn die Bedeutung dieser Symptomwiederbelebung im Zusammenhang mit dem bevorstehenden Behandlungsende mit dem Patienten bearbeitet wird, geht die Symptombildung gewöhnlich rasch wieder zurück, und der Patient besinnt sich erneut auf die früher schon erarbeiteten Behandlungsfortschritte. Oft drückt sich in dem Wiederauftreten der Symptomatik die Vorstellung des Patienten aus, daß er ohne die ständige Gegenwart des Therapeuten in einen Zustand wie vor Beginn der Therapie zurückfällt. Es hat dann den Anschein, als ob der Patient vergessen hätte, daß die erzielten Behandlungsfortschritte auch durch seine eigene Mitbeteiligung zustandegekommen sind. Die Behandlungsfortschritte hängen keineswegs von der ständigen physikalischen Gegenwart des Therapeuten ab, da der Patient einige der therapeutischen Hilfsmittel, die er und der Therapeut gemeinsam benutzt haben, jetzt internalisiert hat. Man kann den Patienten auch offen darauf hinweisen, daß der Prozeß der Veränderung, der durch die Psychotherapie angestoßen worden ist, mit dem Behandlungsende nicht zum Stillstand kommt, sondern weitergeht.

Beispiel: Frau L. H.

(zu Frau L. H., s. auch S. 97 f.)

P: Gestern war es dermaßen naß auf den Straßen, daß es mit dem Fahrrad wirklich gefährlich war. Ich weiß gar nicht, was ich im Winter machen soll. Am schlimmsten ist ja, daß man bei starkem Regen nicht einmal die Pfützen sehen kann. Die Schlaglöcher sind mit Wasser gefüllt, und man kann sie nicht sehen. (...) Was ich von mir erwarte, ist jetzt viel realistischer. Ich quäle mich nicht mehr so, wenn ich mal nicht alles schaffe. Ich setze mir realistischere kurzfristige Ziele und halte sie dann auch ein.

T: Als wir das letztemal über Zielvorstellungen sprachen, war Selbstkontrolle Ihr wichtigstes Ziel.

P: Ja, ich falle immer wieder zurück; aber ich komme letztlich doch voran und fühle mich wohl dabei. Dennoch plagt mich etwas sehr, und ich möchte es zur Sprache bringen. Im Grunde geht es um den Drang, etwas zu mir zu nehmen. In der 1. Woche ohne Therapiestunde ging alles gut; in der 2. Woche habe ich dann wieder mehr gegessen als ich eigentlich wollte. Ich muß einfach zur Kenntnis nehmen, daß ich manchmal etwas essen muß; deshalb erlaube ich mir ein zusätzliches Stück Kuchen. Doch ich mache mir deshalb Vorwürfe und fühle mich schlecht. Zweimal in dieser Woche spürte ich den Drang, Abführmittel einzunehmen, weil ich mich vollgefressen fühlte, (...) aber ich habe nichts genommen. Es hat mich sehr mitgenommen, daß das Gefühl so stark war und daß ich es nach so langer Zeit jetzt wieder hatte. Ich dachte daran, daß dies nun meine letzte Sitzung mit Ihnen sein würde, und ich habe jetzt dieses Gefühl. Ich weiß nicht, was ich damit machen soll; ich möchte mich ja nicht an Sie hängen; aber das Gefühl war schon sehr intensiv und stark ...

T: Wir haben Überlegungen angestellt, daß es bei Ihnen um die strikte Kontrolle geht, einen Rückfall zu verhindern. Sie spüren die wiederauftretende Angst, die Kontrolle völlig zu verlieren, wenn Sie nur eine Tasse Kaffee oder ein Stück Kuchen mehr zu sich nehmen. Dieses Gefühl haben Sie lange Zeit nicht gehabt.

P: Ich muß mich daran erinnern, daß es manchmal durchaus in Ordnung ist, sich voll zu fühlen. Am Wochenende war ich bei einem herrlichen Essen. Ein Freund ist unter die Feinschmecker gegangen. Seit Jahren habe ich mich schon nicht mehr so prall voll gefühlt. Ich fühlte mich nicht wohl; ich war ein Schwein. Warum habe ich das bloß gemacht? Ich muß mich daran erinnern, daß viele das aus bestimmten Anlässen auch machen. Und sie überleben es. Aber ich kann doch nicht die ganze Zeit essen, um mir ein Vergnügen zu gönnen. Ich möchte mich wieder besser beherrschen können.

T: Daß Ihr Wunsch nach Selbstkontrolle wieder stärker geworden ist, hängt ja vielleicht damit zusammen, daß Sie sich daran gewöhnt haben, mich als eine hilfreiche Unterstützung anzusehen. Jetzt denken Sie an das Ende der Behandlung, ich war eine Weile fort, und Sie sind etwas panisch geworden.

P: Ich habe die ganze letzte Woche gefressen. Gestern habe ich mich beherrscht. Frühstükken muß ich. Auf mein Gewicht achte ich in der letzten Zeit wieder sehr viel mehr; ich muß aufpassen. Gestern war es gut. Ich frage mich, ob eine Beziehung dazu besteht, wie ich Sie erlebe.

T: Wissen Sie, gegen Ende der Behandlung stellen sich oft die anfänglichen Symptome wieder ein, wegen der Angst, hier aufzuhören.

P: Ja, Angst habe ich.

T: Sie haben von der Angst geredet, Ihre Selbstkontrolle wieder zu verlieren, doch Sie haben sich in der Gewalt gehabt, und Sie verfügen immer noch über die Hilfsmittel, wie Sie mir vorhin gesagt haben.

P: Ja, ich weiß. (Sie erwähnte weitere Beispiele für ihre Beherrschtheit gegenüber Männern und gegenüber dem Essen; P und T verabredeten sich für eine weitere, abschließende Sitzung.)

Möglichkeiten eines weiteren Kontakts mit dem Therapeuten nach dem Behandlungsende

Die meisten Patienten sind natürlicherweise daran interessiert, auch nach dem Therapieende mit dem Therapeuten in irgendeiner Form Kontakt zu halten. „Natürlicherweise" ist ein durchaus zutreffendes Attribut, denn wenn die therapeutische Beziehung hilfreich gewesen ist (und die meisten therapeutischen Beziehungen sind dies), dann hat sich eine positive Bindung an den Therapeuten entwickelt, und ihn nicht mehr wiederzusehen, wird als ein schmerzlicher Verlust empfunden. Folglich interessiert sich der Patient intensiv dafür, wie der Therapeut seinen Wunsch nach weiterem Kontakt aufnimmt. Einmal kann der Patient den Therapeuten fragen, ob er daran interessiert ist, über den weiteren Fortgang nach Behandlungsende auf dem laufenden gehalten zu werden. Wenn die Sitzung nicht eine andere zusätzliche Intervention nahelegt, wird der Therapeut im allgemeinen ausdrücken, was er empfindet, meist wohl sein Interesse zu hören, wie es mit dem Patienten weitergegangen ist. Die sich aus einer solchen offenen Besprechung ergebende Sicherheit, daß ein weiterer Kontakt durchaus möglich ist, kann durchaus zur Aufrechterhaltung der Therapiefortschritte über das Behandlungsende hinaus beitragen. Oft ist es auch hilfreich, von vornherein 1 oder 2 katamnestische Sitzungen innerhalb eines halben Jahres nach dem regulären Behandlungsende zu vereinbaren.

Das vorangegangene Fallbeispiel von Frau L. H. beinhaltet die Auflösung der einander widersprechenden Wunschvorstellungen: die Therapie zu beenden und der Trennung aus dem Weg zu gehen. Dieses Kunststück gelingt, indem weiterhin auf das Behandlungsende zugearbeitet und gleichzeitig die Möglichkeit für weitere Kontakte besprochen wird. In dem Traum wird dies erreicht, indem die Patientin eine Kollegin der Therapeutin ist und ihr somit beruflich gleichgestellt wird; auch in der Realität bewegt sich die Patientin durch ihre berufliche Weiterbildung in diese Richtung. Sie hat auch schon die Telefonnummer der Therapeutin in Erfahrung gebracht, weil sie „Sie damit auf dem laufenden halten" kann und weil „es eine Art Sicherheit darstellt".

Handhabung des Wunsches nach weiterer Behandlung

Wenn in einer zeitlich nicht festgelegten Psychotherapie die Therapieziele zum Zeitpunkt des vorgesehenen Behandlungsendes noch nicht erreicht sind, so kann die weitere Fortführung der Behandlung problemlos vereinbart werden. Wenn in einer zeitlich festgelegten Psychotherapie zum Zeitpunkt des vorgesehenen Behandlungsendes neue Zielvorstellungen entstehen oder die alten Ziele in der verbleibenden Zeit nicht mehr zu erreichen sind, kann ebenfalls die Fortführung der Behandlung über den ursprünglich verabredeten Zeitraum hinaus vereinbart werden. Sollten besondere Klinikregelungen oder Forschungserfordernisse dies ausschließen, so müßte die Übernahme der Behandlung durch einen anderen Psychotherapeuten in die Wege geleitet werden.

9 Zusammengefaßte Metaphorisierungen

Dieses Buch könnte nun beendet werden, wenn nicht ein neues Ziel aufgetaucht wäre: nämlich sich dem Bedürfnis hinzugeben, auf andere Art und Weise über das Wesen des Aufeinanderfolgens von Zuhören, Verstehen und Intervenieren in Gestalt von alternativen Metaphern nachzudenken. Ein solches metaphorisches Denken entspricht eher „primärprozeßhaften" Vorgängen im Unterschied zu den eher „sekundärprozeßhaften" Erläuterungen in dem gesamten bisherigen Buch; ein solches Denken enthält viel von dem, was sich im Erleben von Psychotherapeuten bei der Durchführung der Therapien abspielt. Dieses Erleben stellt sich in jeder der folgenden 5 Metaphern in einem je unterschiedlichen Ausschnitt dar: Pflege einer unbekannten Pflanze; Schälen einer Zwiebel; Aufklärung eines Verbrechens in einem Krimi; Erkennen eines Baumes im dichten Wald; ein Schachspiel. Bei der 1. Metapher klingen eher supportive und bei den anderen eher expressive Gesichtspunkte an.

Pflege einer unbekannten Pflanze

In einer sehr kräftigen Metapher wird der Psychotherapieprozeß gleichgesetzt mit dem allmählichen Sammeln von Erfahrung, wie eine unbekannte Pflanze mit Wachstums- und Reifungsschwierigkeiten unter Treibhausbedingungen gepflegt werden muß. Da es sich um einen lebenden Organismus handelt, kann man mit Gewißheit davon ausgehen, daß die Pflanze ein inhärentes Wachstums- und Reifungspotential besitzt. Welche Bedingungen das Wachstum und die Reifung fördern, muß herausgefunden werden, indem man darauf achtet, was die Pflanze zum Blühen und was sie zum Verdorren bringt. Da es sich um eine Pflanze handelt, kann man als eine gewissen Grundlage annehmen, daß sie Licht, Wasser, Luft und Nährstoffe benötigt; wie viel und in welcher Zusammensetzung die Pflanze davon benötigt, kann man nur herausfinden, indem man auf ihre Reaktion achtet (zuhört), wenn ihr die verschiedenen Angebote gemacht werden. Da sich die Pflanze in einem Treibhaus (Psychotherapie) befindet, können viele Voraussetzungen für Wachstum und Reifung geschaffen werden; da die Pflanze aber an Problemen mit Wachstum und Reifung leidet, kann es dennoch sein, daß selbst die beste Pflege und Hege nicht alle Schwierigkeiten nachhaltig zu beseitigen vermag. Am aussichtsreichsten ist es wohl, die Pflanze mit der besten Nährstoffmischung (aus supportiven und expressiven Behandlungstechniken) zu versorgen und geduldig abzuwarten und zu beobachten. Zusammengefaßt hegt und pflegt der Gärtner auf der Grundlage seines allgemeinen Wissens um Pflanzenpflege, das er in seinem Streben nach fachmännischer und behutsamer Fürsorge unter Berücksichtigung der besonderen Umstände dieser Pflanze zur Anwendung bringt.

Schälen einer Zwiebel

Jede abgeschälte Schicht läßt eine andere in Erscheinung treten und bringt einen dem Kern näher. Je näher man eine Schicht untersucht, desto mehr müssen es die Augen büßen und desto wahrscheinlicher kommen Tränen. Wenn aber das Schälen erst einmal erledigt ist, können die Tränen rasch weggewischt werden in der Gewißheit, daß das Ergebnis Teil einer herzhaften und belebenden Mahlzeit ist.

Ein enger Vergleich mit dem Psychotherapieprozeß drängt sich auf: Wenn ein aktuelles Beziehungsproblem als Schicht um ein wiederbelebtes emotionsgeladenes Beziehungsproblem aus der Vergangenheit angesehen wird, dann kann der Patient hieraus eine neugewonnene Stärke und Kraft beziehen. (Gedacht ist hierbei an die Prinzipien des Verstehens und Intervenierens im Hinblick auf die Übertragung.)

Aufklärung eines Verbrechens in einem Krimi

Eine andere Metapher vergleicht den Psychotherapieprozeß mit dem Aufspüren des Täters in einer Kriminalgeschichte.

Neben anderen verwendeten Waelder (1939) und Ekstein (1980) dieses Gleichnis für den Deutungsprozeß. Der wesentliche Gedanke hierbei lautet, daß der Patient und der Therapeut (das Detektivpaar) den verdächtigen Hinweisen und der Spur folgen (den Prinzipien des Verstehens). Die Spur führt dann zu einer immer deutlicher werdenden Vorstellung vom „Täter". Wie in jedem guten Krimi müssen nicht alle Spuren verfolgt werden, um den oder die Schuldigen ausfindig zu machen; ein besonderer Genuß entsteht, wenn die scharfsinnigen Schlußfolgerungen des Detektivs das Wirrwarr unüberschaubarer oder falscher Hinweise auflösen und zur Festnahme der Täter führen. Der Therapeut und der Patient brauchen ähnlich wie die Detektive nur die entscheidenden und aussichtsreichen Einsichten zu verfolgen, um zu dem gewünschten Ergebnis zu gelangen. Die Krimis, die dem Psychotherapieprozeß am ähnlichsten kommen, haben meist nicht nur einen einzelnen Schuldigen; den „Schuldigen" dort entsprechen hier die „schuldigen" Beziehungsprobleme sowie die mit diesen verbundenen Symptome und die symptomerhaltenden Faktoren. Gewöhnlich verüben die Schuldigen im Krimi die heimtückische Tat auch nicht nur einmal, sondern immer wieder von neuem.

Die Krimimetapher enthält einige wichtige Bestimmungsstücke der Psychotherapie, hat aber auch ihre Grenzen. Der Therapeut darf ja nicht wie ein erbarmungsloser

Strafverfolger den Hinweisen nachjagen und im Falle des Erfolgs selbstgerecht ausrufen: „Aha, damit hast du dich verraten!“, so daß sich der Patient ertappt fühlt und sich wie ein Verbrecher vorkommt.

Erkennen eines Baumes im dichten Wald

Der Prozeß des Verstehens in der Psychotherapie kann verglichen werden mit dem allmählichen Erkennen eines Baumes (von bestimmten Bedeutungen) inmitten eines dichten Waldes (aller möglicher Bedeutungen). Den Stamm kann man aus größerer Entferung kaum sehen, er wird jedoch unübersehbar, wenn man näher kommt. Teile des Stammes und das weitverzweigte Geäst jedoch bleiben geheimnisvoll verborgen, selbst wenn man den Baumstamm berührt. In einem solchen Wald kann man niemals den gesamten Baum sehen, weder aus der Entferung noch aus der Nähe; nur wiederholte Betrachtungen aus unterschiedlicher Perspektive lassen die Gesamtgestalt erahnen, wenn auch manche Teile des Baumes für immer unsichtbar bleiben.

Wenn wir von dem Baum auf den Boden der Psychotherapie herabsteigen, so ergibt sich der Umfang dessen, was aufgedeckt werden muß, aus dem grundlegenden Gedanken, so viel aufzudecken, wie für die Besserung des einzelnen Patienten notwendig ist. Für eine Besserung ist es somit nicht von entscheidender Bedeutung, den gesamten Baum zu erkennen; es muß nur soviel von dem Baum deutlich werden, daß die Äste (Beziehungsprobleme), die am meisten im Weg sind und das Fortkommen behindern (Verstehensprinzip 6), entfernt oder sonstwie verändert werden können. Der Baumstamm kann den Wünschen gleichgesetzt werden und die Äste den Konsequenzen entsprechend der Strukturierung nach der Methode des zentralen Beziehungskonfliktthemas. Sobald sich Patient und Therapeut auf ein bestimmtes Beziehungsproblem einstellen, das auch in der aktuellen Beziehung auftritt, dann tauchen unversehens verbindende Äste und Zweige im Blickfeld auf, die auf bislang unerkannte Gründe für die Probleme und auf Lösungsmöglichkeiten hindeuten. Wenn ein Ausschnitt des Baumstammes und des verzweigten Geästs entdeckt und erst einmal genau betrachtet worden ist, dann braucht der Patient nicht mehr alle Einzelheiten im Gedächtnis zu behalten. Es kommt vielmehr darauf an, ob die Entdeckungen zu Problemlösungen führen (Interventionsprinzip 6), die sich als Problembewältigungsstrategien in das Verhaltensmuster des Patienten integrieren lassen.

Schachspiel

Schon zu Beginn dieses Buches wurde erwähnt, daß die Psychotherapie mit einem Schachspiel verglichen werden kann, das Patient und Therapeut miteinander spielen; besonders durch Freud selbst (1913a) ist diese Metapher für den psychotherapeutischen Prozeß bekannt geworden. Er stellte fest, daß sich ähnlich wie in der Psychotherapie nur die Eröffnungen und Endspiele systematisch darstellen lassen, die dazwischenliegenden Spielphasen dagegen nicht; diese Züge sind am besten durch das Nachspielen von Meisterpartien zu erlernen.

Eine Lehrzeit mit einem praktischen Teil ist für das Erlernen der verschiedenen Partien erforderlich, und Manuale können eine solche Lehre unterstützen. Für die in diesem Manual spezifizierte Form der Psychotherapie gilt diese Metapher nicht nur für die Eröffnungen und Endspiele, sondern ebenso für die mittleren Spielphasen. Auf objektiver Grundlage gibt das Manual dem Therapeuten eine Anleitung für Interventionen, die für jede beliebige Phase des Spiels gelten; diese Regeln sind in dem Grundgedanken der ständigen Fokussierung auf das zentrale Beziehungskonfliktthema begründet (das 1. Verstehens- und Interventionsprinzip). Darüber hinaus spielt der Patient ja nicht, wie in einem wirklichen Schachspiel, gegen den Therapeuten, um zu gewinnen, sondern er spielt *mit* dem Therapeuten, um mit ihm gemeinsam herauszufinden, inwiefern das bisherige Spiel des Patienten selbstschädigend gewesen ist und somit einer Veränderung bedarf. Eine Zusammenarbeit ist v.a. deshalb notwendig, weil sich der Patient mancher grundlegender Regel, nach der er bisher gespielt hat, nicht bewußt ist und sich gegen eine solche Zurkenntnisnahme sogar zur Wehr setzt.

Diese 5 Psychotherapiemetaphern veranschaulichen bestimmte Ausschnitte psychotherapeutischen Handelns, aber keine Metapher allein kann die gesamte Handlungsvielfalt innerhalb der psychoanalytisch orientierten Psychotherapie abbilden.

Anhang: Beispiel für die Methode des zentralen Beziehungskonfliktthemas – formalisierte Beurteilung und Forschungsergebnisse

Am besten gelingt die Formulierung des zentralen Beziehungskonfliktthemas des Patienten anhand einer Reihe sogenannter „Beziehungsepisoden" aus einer Psychotherapiesitzung des Patienten. Als Beziehungsepisode wird jener Teil der Sitzung bezeichnet, in dem Patienten von ihrer Beziehung zu anderen Menschen, den Therapeuten eingeschlossen, in Form von kleinen Geschichten oder Erzählungen (Narrativen) berichten. Die Beziehung zum Therapeuten wird manchmal nicht nur in einer Erzählung, sondern auch in ausagierendem Handeln dargestellt. Für die Formulierung des zentralen Beziehungskonfliktthemas sind solche Beziehungsepisoden im Vergleich zur gesamten Sitzung von erheblichem ökonomischen Vorteil, da in den Beziehungsepisoden Beispiele für Beziehungen zu anderen Menschen in knapper Form veranschaulicht sind. Der Leser kann das zentrale Beziehungskonfliktthema beim Lesen der Beziehungsepisoden herausfinden und es nach den weiter unten erläuterten Regeln einschätzen.

Dieser Anhang enthält Anweisungen für das Vorgehen bei der formellen Einschätzung des zentralen Beziehungskonflitthemas, einen Ausschnitt aus dem Verbatimtranskript einer Psychotherapiesitzung, eine Diskussion der Einschätzung dieses Sitzungsausschnitts und schließlich einen zusammenfassenden Überblick über Forschungsergebnisse im Zusammenhang mit der Methode des zentralen Beziehungskonfliktthemas. (Anmerkung des Übersetzers: Eine detailliertere und erweiterte Darstellung der ZBKT-Methode findet sich bei Luborsky u. Kächele 1988.)

Vorgehen bei der formellen Einschätzung des zentralen Beziehungskonfliktthemas

Folge den weiter unten aufgeführten einzelnen Schritten bei der Einschätzung des zentralen Beziehungskonfliktthemas und wende sie auf das Transkript an. Benutze so viele Kodierungs- und Zusammenfassungsblätter wie nötig. Das Verbatimtranskript wurde in erster Linie als Übungsmaterial für die Einschätzung des zentralen Themas ausgewählt und nicht so sehr als Musterbeispiel für die Behandlungsprinzipien der analytischen Psychotherapie. Dieses Transkript umfaßt die ersten 20 Minuten der 3. Psychotherapiesitzung mit dem 21jährigen Studenten B. N., der zu der Zeit kurz vor dem Abschluß des ersten Studienabschnitts stand. Dieser 20minütige Ausschnitt reicht für unser Vorhaben völlig aus, da er 6 Beziehungsepisoden *(BE)* und damit eine ausreichende Anzahl für die Formulierung des zentralen Beziehungskonfliktthemas enthält. Die *BE* wurden von einem unabhängigen Beurteiler am linken Rand des Textes durch einen Strich vom Anfang bis zum Ende der *BE* gekennzeichnet; zu Beginn der *BE* ist zusätzlich das zentrale Objekt genannt.

Das Vorgehen bei der Formulierung des zentralen Beziehungskonfliktthemas besteht aus 6 einzelnen Schritten, die im folgenden näher erläutert werden. Die ersten 4 Schritte sind hierbei besonders wichtig. Der 5. Schritt ist optional und liefert genauere Angaben über Abfolgemuster von Interaktionen zwischen dem Patienten und den Menschen, um die es in der *BE* geht. Der 6. Schritt bezieht sich darauf, inwieweit sich die einzelnen Komponenten des zentralen Beziehungskonfliktthemas auch in der Beziehung des Patienten zum Therapeuten wiederfinden lassen; es geht dabei also um einen Aspekt der Übertragung des Patienten, wie sie mit Gills Methode (Gill u. Hoffman 1982b) näher erfaßt werden kann.

Einschätzung der thematischen Komponenten in der BE

Der Beurteiler liest mehrfach die *BE* durch, die im Verbatimprotokoll bereits gekennzeichnet sind; alle 3 Arten der thematischen Komponenten werden hierbei im Text unterstrichen: *W* (Wünsche, Bedürfnisse, Absichten), *RO* (Reaktionen des Objekts) und *RS* (Reaktionen des Patienten selbst). *RO* und *RS* werden ferner nach positiven und negativen Konsequenzen unterschieden. Für jede Komponente kann zusätzlich eine Einschätzung der Intensität vorgenommen werden, was hauptsächlich für Forschungszwecke von Bedeutung ist. Als Abschluß des 1. Schritts überträgt der Beurteiler die Einschätzungen sowie die Art der thematischen Komponenten, etwa einen besonderen Wunsch, der zur Sprache gekommen ist, vom Transkript auf das Kodierungsblatt.

Allgemeine Formulierung des zentralen Beziehungskonfliktthemas

Der Beurteiler liest mehrfach das Kodierungsblatt und versucht eine Formulierung zu finden, die auf die meisten *BE* zutrifft. Für diesen Schritt ist das Verständnis von *W* ganz besonders ausschlaggebend; *RO* und *RS* werfen bei der allgemeinen Formulierung meist nicht so viele Schwierigkeiten auf.

Manchmal fällt es dem Beurteiler leicht, die Gemeinsamkeiten in den verschiedenen *BE* herauszufinden; beispielsweise entspricht dann die allgemeine Formulierung von *W* dem direkt benannten *W* in jeder einzelnen *BE*. Oft ist jedoch für die allgemeine Formulierung über die verschiedenen *BE* hinweg ein höherer Abstraktionsgrad erforderlich; es sollte hierbei darauf geachtet werden, daß die allgemeine Formulierung nicht abstrakter gerät als für die Berücksichtigung der verschiedenen *BE* unbedingt erforderlich ist. Dieser 2. Schritt erfordert in ganz besonderem Maße die Informationsverarbeitungsfähigkeit des geschulten menschlichen Beurteilers, die nicht so leicht durch einen Computer ersetzt werden kann.

Wiederholung der Einschätzung nach Schritt 1 für die einzelnen Komponenten der allgemeinen Formulierung aus Schritt 2

Die Einschätzung nach Schritt 1 muß vorsorglich nochmals überprüft werden, damit auch wirklich alle relevanten thematischen Komponenten in der allgemeinen Formulierung berücksichtigt sind. Wichtig ist dabei, daß die ursprüngliche Einschätzung nach Schritt 1 unterscheidbar bleibt von der revidierten Einschätzung nach der Themenformulierung im Schritt 2; es kann dann auch noch nachträglich festgestellt werden, wie oft und in welchen thematischen Komponenten sich durch den 2. Schritt Veränderungen ergeben haben. Deshalb sollten für die Kennzeichnung von Ergänzungen und Veränderungen nach Schritt 2 Großbuchstaben verwendet werden.

Umformulierung des allgemeinen zentralen Beziehungskonfliktthemas

Alle thematischen Komponenten werden in das Zusammenfassungsblatt eingetragen und inhaltlich skizziert. Das am häufigsten auftretende *W* gemeinsam mit der häufigsten Reaktion von anderen (vom Objekt) und der häufigsten Reaktion des Patienten selbst bildet das zentrale Beziehungskonfliktthema.

Interaktionssequenzen (optional)

Die Berücksichtigung der Sequenz (innerhalb jeder *BE*) von *W* und der Reaktionen von anderen und vom Patienten selbst kann zu wertvollen Informationen führen und, nach einer persönlichen Mitteilung von Dr. Ellen Berman (1979), Aufschluß über charakteristische Interaktionssequenzen von einzelnen Patienten geben. Beim Durchlesen der *BE* kann die Reihenfolge des Auftretens der einzelnen thematischen Komponenten durch eine fortlaufende Numerierung im Transkript festgehalten werden, die dann später auf das Kodierungs- und das Zusammenfassungsblatt übertragen werden kann. Nach unserer Erfahrung mit diesem 5. Schritt sind solche Interaktionssequenzen in hohem Maße durch Stereotypien gekennzeichnet.

Versuch der Einschätzung, wie der Patient die thematischen Komponenten und deren Bedeutung in der Übertragung erlebt

Da die Übertragung durch das Erleben des Patienten definiert ist, muß der Beurteiler einzuschätzen versuchen, wie jede einzelne Komponente des zentralen Beziehungskonfliktthemas vom Patienten erlebt wird.

Anweisungen für die Kodierung von Wünschen, Bedürfnissen und Absichten gegenüber dem Objekt: *W*

Der Beurteiler liest die *BE* im Verbatimprotokoll durch und kodiert 2 Arten von *W:* 1) offen ausgedrückte *W* und 2) verdeckt ausgedrückte, aber leicht erschließbare *(W)*. Wenn ein verdecktes *W* nicht leicht erschließbar ist, dann wird für die *BE* kein *W* kodiert.

Beispiel für W: Herr B. N.; BE Nr. 1

„In meinen Phantasien war ich – waren die Rollen schließlich vertauscht, und ich trat auf *ihm* nur so herum."

Beispiel für (W): Herr B. N.

Manchmal wird *(W)* erst nach dem Durchlesen aller *BE* einer Psychotherapiesitzung deutlich. Dies ist ein Beispiel für *(W)*, das erst nach der allgemeinen Formulierung des zentralen Beziehungskonfliktthemas (Schritt 2) hervorgetreten ist. *BE* Nr. 4: „Im Grunde möchte ich kein sexuelles Verhältnis mit ihr haben". In dieser Aussage ist der indirekte, leicht erschließbare Wunsch nach genügend innerer Sicherheit enthalten, die Beziehung auch wieder beenden zu können.

Entscheidung zwischen verschiedenen Möglichkeiten für die Formulierung eines Wunsches

Bei der allgemeinen Formulierung von *W* stellt sich gelegentlich ein konzeptuelles Problem; beispielsweise muß sich der Beurteiler entscheiden, welchen von 2 Wünschen er für den primären hält. Meist wird der Beurteiler eine Entscheidung aufgrund der *Häufigkeit* der verschiedenen Wünsche treffen können, wobei der am häufigsten auftretende Wunsch als der primäre angesehen werden kann; bei einer solchen Entscheidung geht es oft um 2 Wünsche, die immer wieder vehement aufeinanderstoßen und somit auch nicht leicht voneinander zu trennen sind. Neben dem Häufigkeitskriterium spielt erfahrungsgemäß die *Sequenz* der Wünsche eine wichtige Rolle insofern, als wegen der Erzählform der Beziehungsepisode der primäre Wunsch in der Regel zu Anfang ausgedrückt wird. Ferner enthält der primäre Wunsch oft Einzelheiten zu allgemeinen Vorstellungen, die der Patient in der Beziehung zu Menschen verwirklichen möchte.

Fallbeispiel: Herr B. N.

Sein am häufigsten genannter Wunsch lautete: „Ich möchte mich anderen Menschen gegenüber behaupten und durchsetzen können, besonders im Hinblick auf den Druck und die Dominanz, die sie auf mich ausüben wollen." Dieser Wunsch nach Selbstbehauptung steht nun im Widerspruch zu seinem anderen Wunsch, anderen Menschen nahe zu sein, mit ihnen Gemeinsamkeiten zu haben und zu reden und von ihnen versorgt zu werden. Der erstgenannte Wunsch kann als Wunsch A, der zweitgenannte als Wunsch B bezeichnet werden. Beide Wünsche sollten kodiert werden; das Häufigkeitskriterium weist jedoch Wunsch A als den primären und Wunsch B als den sekundären, zugrundeliegenden Wunsch aus.

Fallbeispiel: Herr T. M.

Der Beurteiler war sich unsicher, welcher dieser 2 Wünsche als der primäre anzusehen ist: „Ich möchte mich auf einen Menschen oder eine Arbeit näher einlassen, aber ich fühle mich dann zu sehr wie in einer Falle." Der andere Wunsch lautete: „Ich möchte es vermeiden, mich auf einen Menschen oder eine Arbeit näher einzulassen, aber ich stehe unter einem starken Druck, genau dies zu tun." Dem Beurteiler stellte sich die Frage, ob eher der Wunsch, sich näher auf eine Angelegenheit einzulassen, oder eher das Bestreben, eine solche Festlegung zu vermeiden, den eigentlichen Wunsch ausmacht und worin die Konsequenzen des Wunsches liegen. Bei Herrn T. M. lagen Hinweise darauf vor, daß an erster Stelle sein Streben nach Bindung und Festlegung stand, woraus sich das Gefühl entwickelte, wie in einer Falle gefangen zu sein, was zur Vermeidung solcher Festlegungen führte. Somit wird der Wunsch, sich auf eine Angelegenheit näher einzulassen, als der primäre Wunsch W kodiert.

Fallbeispiel: Herr S. B.

Der Patient äußerte häufig Phantasien, anderen Menschen wehzutun. Die Untersuchung der Wunschsequenzen konnte die Vorstellung, anderen wehzutun, auf eine unerfüllte Sehnsucht nach positiven, angenehmen Reaktionen von anderen Menschen zurückführen. Deshalb müßte diese Sehnsucht als der primäre Wunsch und die Vorstellung, anderen wehzutun, als ein daraus abgeleiteter sekundärer Wunsch betrachtet werden.

In den letzten 2 Fallbeispielen deutet sich eine aufschlußreiche Eigenart primärer Wünsche an: Wünsche mit positiver Ausrichtung sind im Erleben von Patienten oft grundlegend und vorgeordnet, mithin primär. Diese Tendenz erweckt den Eindruck, als spiegle sie die Wertvorstellungen der Beurteiler und deren Bestreben, das Gute im Menschen bestätigt zu finden, wider. Das Streben nach positiven Zielvorstellungen könnte aber auch eine Eigenart vom Menschen sein, die um eine Psychotherapie nachsuchen.

Anweisungen für die Kodierung der Konsequenzen des Objekts oder des Patienten selbst

Die Konsequenzen sind meist leichter zu kodieren, weil sie offener als die W ausgedrückt werden. Es gibt 2 Arten von Konsequenzen: Reaktionen von anderen Menschen, vom „Objekt", (RO) und Reaktionen vom Patienten selbst (RS).

Die Bezeichnung „Konsequenz" bedeutet nun nicht, daß eine Reaktion immer als auf den Wunsch bezogen erkennbar sein muß. Für den Beurteilungsvorgang genügt es, alle Wünsche und alle Reaktionen festzuhalten, ohne daß die Reaktionen mit den Wünschen in Verbindung gebracht werden müßten.

Positive und negative Reaktionen

Jede Art von Reaktion wird weiter danach untergliedert, ob sie hauptsächlich positiv *(P)* oder negativ *(N)* ist. Als „negativ" wird eine Reaktion bezeichnet, wenn sie aus der Sicht des Patienten die erfolgte oder erwartete Nichterfüllung seines Wunsches bedeutet; „positiv" bedeutet, daß der Erfüllung des Wunsches nichts entgegensteht und/oder daß eine gewisse Fähigkeit im Umgang mit dem Wunsch vorhanden ist.

Mitgeteilte versus vorgestellte Reaktionen (eine Anregung)

Der Zusatz *MIT* beziehungsweise *VOR* kann sowohl bei *RO* wie bei *RS* hinzugefügt werden. Ein Beispiel für eine *RS-VOR* findet sich im Verbatimprotokoll von Herrn B. N. weiter unten: „Das irritierte mich." Dies ist eine vorgestellte Reaktion, weil der Patient betont, daß er sie dem Objekt nicht mitgeteilt hat. Auf der anderen Seite hat das Objekt ihm seine Überlegenheit offen mitgeteilt, also *RO-MIT*. Diese Unterscheidung zwischen mitgeteilten und vorgestellten Reaktionen könnte besonders für die

Untersuchung des zentralen Beziehungskonfliktthemas als ein Maß der Veränderung im Laufe von Psychotherapien nützlich sein.

Intensitätseinstufung der thematischen Komponenten

Die thematischen Komponenten weisen eine Variabilität in ihrer Intensität auf, für deren Einstufung eine Skala von 1 bis 5 ausreicht; das Abfolgemuster der Interaktionen, weiter oben unter Punkt 5) als Interaktionssequenzen erläutert, kann ebenfalls festgehalten werden.

Beispiel Herr B. N.

			Einstufung	Sequenz
BE Nr. 1	Ich möchte mich durchsetzen.	*(W)*	4	3
	„Er setzte mich herab, indem er mich nicht zu Wort kommen ließ.“	*RO*	4	1
	„Ich wurde wütend.“	*RS*	5	2

Anweisungen für die Kodierung der therapeutischen Beziehung, wie sie vom Patienten erlebt wird

Nach der psychoanalytischen Theorie der psychotherapeutischen Veränderung sollten Patienten im Laufe der Therapie einen verbesserten, bewußteren Zugang zu ihren Beziehungserfahrungen einschließlich der Beziehung zum Therapeuten gewinnen. Die quantitative Beurteilung eines solchen Zugangs müßte dann eine empirische Überprüfung dieser Behauptung gestatten. Da das zentrale Beziehungskonfliktthema häufig Interaktionen mit dem Therapeuten umfaßt, enthält dessen Formulierung entsprechende Hinweise darauf, wie der Patient die Beziehung zum Therapeuten erlebt.

Bei der Kodierung der Beziehung sind aber genauere Unterscheidungen erforderlich. Hierzu gehört die Erfassung des Ausmaßes, in dem die einzelnen Komponenten des ZBKT erlebt werden und wie sie sich in der Beziehung zum Therapeuten darstellen. Benötigt wird ebenso eine Unterscheidung in dem bewußten Erleben für Beziehungsparallelen innerhalb und außerhalb der Therapiesitzungen, worauf besonders Gill u. Hoffman (1982a) hingewiesen haben. In einem engeren Begriffsverständnis bezeichnet Übertragung nur die Beziehung zum Therapeuten am Vorbild der frühen Beziehung zu den Eltern und meint eben nicht nur den Vergleich innerhalb und außerhalb der Sitzung.

Die hier aufgeführten Kodierungen entsprechen im wesentlichen jenen, die von

Gill u. Hoffman (1982a) für die Erfassung der therapeutischen Beziehung eingeführt wurden:

1) Ausmaß, in dem die jeweilige Komponente in der Beziehung zum Therapeuten erlebt wird (*‚r‘* nach Gill).
2) Ausmaß, in dem sich der Patient seiner Beziehung zum Therapeuten bewußt ist (dies wird hier mit *‚ra‘* abgekürzt).
3) Ausmaß, in dem sich der Patient der Ähnlichkeit zwischen seiner Beziehung zum Therapeuten und der zu anderen Personen bewußt ist (*‚xr‘* und *‚rx‘* nach Gill).
4) Wie 3), nur mit dem Unterschied, daß eine Interpretation des Beurteilers erforderlich ist, sofern der Patient in seiner Mitteilung über Beziehungen nur indirekt auf die therapeutische Beziehung hinweist (*‚Jxr‘* und *‚Jrx‘* nach Gill).

Kürzel für die Kodierung der Beziehungsepisoden

BE		Beziehungsepisode,
	BEg	gegenwärtige Beziehungsepisode,
	BEv	vergangene, frühere Beziehungsepisode.

Schritt 1 – 4

W		Wunsch, Bedürfnis oder Absicht, vom Patienten direkt geäußert;
(W)		Wunsch, Bedürfnis oder Absicht, vom Beurteiler erschlossen;
RO		Reaktion des „Objekts“ („Objekt“ bezieht sich auf die zentrale Bezugsperson in der *BE*);
RS		Reaktion des Patienten selbst;
	N	negativ (z.B. *NRO* = negative Reaktion des Objekts);
	P	positiv;
	MIT	dem Objekt mitgeteilte Reaktion (z.B. *NRS-MIT* = negative Reaktion des Patienten selbst, die er dem Objekt tatsächlich mitteilt);
	VOR	vorgestellte, dem Objekt aber nicht mitgeteilte Reaktion;
1, 2, 3, 4 oder *5*		Einschätzung der Intensität einer jeden thematischen Komponente *(W, RO, RS)*.

Schritt 5

1, 2, 3 usw.	Abfolge von *W, RO* und *RS* in jeder *BE.*

Schritt 6

r	Hinweis auf die Beziehung zum Therapeuten in der Sitzung.
ra	Die Beziehung zum Therapeuten wird in der Sitzung bewußt erlebt.
xr und *rx*	Die Ähnlichkeit zwischen der Beziehung zum Therapeuten und anderen Beziehungen (x) wird bewußt erlebt.
Jxr und *Jrx*	Die Ähnlichkeit zwischen der Beziehung zum Therapeuten und der Beziehung zu anderen Menschen muß vom Beurteiler erschlossen werden, da der Patient in seiner Mitteilung nur indirekte Hinweise gibt.

Verbatimprotokoll der ersten 20 Minuten der 3. Sitzung von Herrn B. N.

P 1: Guten Tag.
T 1: Wie ist es Ihnen ergangen?

BE Nr. 1 (Objekt: Kerl / Zimmergefährte)

P 2: Ich fühle mich ein bißchen, eh, lebendiger seit einer Weile, wissen Sie, aber ich hatte – ich hatte eine Menge, eh, Angst und Nervosität noch dazu. Ich konnte nicht allzu gut schlafen, es war, wissen Sie, als ob man immer noch mit jemandem redet; jetzt fühle ich mich irgendwie besser. Eine Sache hat mich, eh, irgendwie getroffen, und ich glaube, es ist wieder eine von diesen aufgeschobenen Angelegenheiten, die mir anscheinend immer wieder passieren. Es geht um diesen Kerl, mit dem ich – der ungefähr einen Monat lang bei uns wohnte im Juli, und er ist, eh, ich meine, wir kamen nicht sehr gut miteinander aus, und eh, wenn es irgendwie zu einem Gespräch kam oder so, wissen Sie, dann versuchte er sofort es an sich zu reißen oder so was. Er machte eine ganze Menge, was mich störte, und damals, glaube ich, wissen Sie, habe ich alles einfach verdrängt und unterdrückt. Und kürzlich habe ich irgendwie darüber nachgegrübelt, und wissen Sie, ich habe es wirklich aufgearbeitet und hinter mir gelassen, und dann, eh, wissen Sie, es ist so, wie ich gesagt habe, es ist eine aufgeschobene Sache, glaube ich. Es ist so, als ob er damals ständig auf meine Füße getreten ist und ich mich nicht einmal getraut habe „Aua!" zu sagen. Und darum ging es in all diesen Phantasien wissen Sie; es passiert noch einmal, und jetzt behandle ich ihn schlecht, und so was.
T 2: Was meinen Sie mit „Phantasien"?

P 3: Eh, ich denke nur daran, und wissen Sie, grüble darüber nach, im eh, Wachen, Tagträume.

T 3: Und wie machen Sie sich die Tagträume?

P 4: Eh, wissen Sie, meistens bei einer Unterhaltung, eh. Ich erinnere mich, daß wir einmal zu viert waren, und wir unterhielten uns. Und, und ich erinnere mich, es gab eine kurze Gesprächspause, und er hatte die ganze Zeit geredet, und, eh, ich habe etwas gesagt, und er sagt zu mir: „Entschuldige, daß ich dich unterbreche", und dann macht er einfach weiter, wissen Sie. Solche Sachen habe ich immer wieder mit ihm erlebt, solange er da war. Und, eh, in meinen Phantasien war ich – waren die Rollen schließlich vertauscht, und ich trat auf *ihm* nur so herum.

T 4: Mhm.

P 5: (10 Sekunden Pause) Es ist, ich glaube – wissen Sie, ich kann wirklich nicht – in solchen Situationen, wenn ich auf so einen Menschen treffe, wissen Sie, damit komme ich überhaupt nicht gut zurecht, damit kann ich nicht umgehen, wissen Sie. Normalerweise habe ich zwei Arten zu reagieren, wissen Sie, entweder ich verkrieche mich in ein Mauseloch, oder, oder ich schlage wirklich zu, wissen Sie, unbeherrscht, brutal. Und, eh, wissen Sie, ich denke, es müßte eigentlich eine bessere Möglichkeit geben, damit zurechtzukommen, aber ich kann mir nicht vorstellen, wissen Sie, wie das gehen sollte.

T 5: Was meinen Sie mit „zuschlagen"?

P 6: Eh, wissen Sie, mit dem Haß wirklich herauszukommen, den er hervorruft und so. Er würde wahrscheinlich – eh, wäre aber der Wirklichkeit der Situation, wissen Sie, nicht angebracht. Beispielsweise, eh, in einer meiner Phantasien, eh, wissen Sie, habe ich mir eine Erleichterung verschafft, als er, eh, bei der Begebenheit, die ich ihnen gerade erzählt habe, als er sagte: „Entschuldige, daß ich dich unterbreche." Ich habe gerade etwas getrunken, Wasser oder so was. Und in der Phantasie schüttete ich ihm das Wasser voll ins Gesicht oder so was. (10 Sekunden Pause; er räuspert sich.) Ich glaube, ich – ich rege mich unnormal auf und bekomme dann Angst und, und auch eine enorme Wut auf solche Menschen, die so was machen (10 Sekunden Pause).

T 6: Darüber haben wir uns ja kürzlich ausführlicher Gedanken gemacht.

BE Nr. 2 (Objekt: Polizist)

P 7: Ich glaube wirklich, wissen Sie, jeder, der auftritt wie eine, wie eine Autoritätsperson, wissen Sie, eh, wenn so jemand einen niedermacht, dann bekomme ich wirklich Angst. Ich war kürzlich in einem Park, und ein Mann war da mit seiner Frau; sie saßen auf einer Bank, und die Frau hatte ihr Bein über sein Bein gelegt, ungefähr so. Und da tauchte dieser Bulle auf; der redete wie John Wayne und forderte sie auf, sich anständig hinzusetzen. Na, und die beiden stellten sich gemeinsam gegen ihn und, eh, schließlich führte er sie wegen ihres zweideutigen, unsittlichen Benehmens ab. Und die ganze Zeit, während er mit ihnen redete, saß ich nur da; sie saßen auf der Bank, und ich saß auf einer kleinen Mauer hinter ihnen, und ich – wissen Sie, mein Herz schlug wahnsinning schnell, und ich habe tatsächlich ein bißchen Angst bekommen, wissen Sie; ich habe mir vorgestellt, was *ich* in so einer Situation getan hätte, und ich glaube, ich hätte schon beim ersten Wort des Polizisten automatisch (er schnalzt mit den Fingern) gehorcht (lange Pause von 35 Sekunden; er zündet sich eine Zigarette an).

T 7: Können Sie mir bitte auch Feuer geben?

BE Nr. 3 (Objekt: eigenartiger Kerl)

P 8: Oh, Entschuldigung, ja (er atmet schwer aus). In eine andere Sache bin ich kürzlich reingeraten, so als ob ich mich mit Leuten einlasse und ein freundschaftliches Verhältnis mit Leuten anfange, die ich, eh, mit denen ich letztendlich wirklich nicht befreundet sein will. Eh, in der Universität lungert ein Student schon seit einigen Jahren herum; er ist ein großer farbiger Kerl, um die 2 Meter groß. Und ich kam einmal mit ihm zusammen, und seitdem ist er immer in meiner Nähe, und ich will ihn nicht in meiner Nähe haben; und eh, wissen Sie, letztlich läuft es wohl darauf hinaus, daß ich mich entscheiden muß, ob ich zu ihm gemein sein will oder ob ich ein Heuchler sein will. Wissen Sie, als ich ihn das erstemal traf, hatte ich den Eindruck, daß er wahnsinnig unsicher oder so etwas ist, doch er bemüht sich sehr, aus sich herauszugehen und auf Leute zuzugehen und freundlich zu sein, und er ist witzig und humorvoll, manchmal auch richtig charmant, so wie ich es niemals sein könnte; trotzdem könnte ich mit diesem Kerl niemals eine echte Freundschaft haben, weil er sich mit überhaupt nichts ernsthaft beschäftigen kann, und er ist wirklich ein – nun, er ist 29 Jahre alt, und er hängt nur herum und raucht Hasch und so etwas.

BE Nr. 4 (Objekt: Mädchen mit „Tripper")

Und so ähnlich ist es auch, eh, ich kenne ein Mädchen, eh, ich weiß, eh, sie hat mich kürzlich mehrmals zum Essen zu sich eingeladen und so, wissen Sie, und im Grunde möchte ich kein sexuelles Verhältnis mit ihr haben, weil ich gerüchteweise gehört habe, daß sie den Tripper hat oder so etwas ähnliches – und eh – ich, wissen Sie, ich kann mich mit ihr nicht einmal gut unterhalten, wissen Sie; wenn ich sie nur einmal im Monat sehen würde, dann könnte ich vielleicht gelassen mit ihr reden oder so was, aber immer wieder komme ich solchen Leuten zu nahe, an die ich eigentlich nicht richtig herankomme, und ich mache dann immer wieder solche Sachen; nein, zu nahe stimmt nicht, sondern eher zu sehr innerlich beteiligt, glaube ich.

T 8: Was, glauben Sie, suchen Sie, wenn Sie –

P 9: Wissen Sie, ich glaube, eh, ich bin einfach irgendwie (Pause) hungrig danach, Leute um mich zu haben, mit denen ich reden kann, oder so was.

T 9: Und wofür brauchen Sie sie?

P 10: Ich weiß nicht, es ist, eh – es kommt mich meistens schwer, sehr schwer an, einfach, einfach so alleine zu sein. Und, eh, das ist eine Art Gewohnheit geworden, die sich in den letzten Jahren entwickelt hat, wissen Sie, einfach so alleine zu sein oder – oder, eh, mich mit etwas zu beschäftigen, das mich wirklich interessiert. Und ich habe offenbar noch nicht herausgefunden, eh, wissen Sie, was ich machen kann und was ich gern machen würde, wirklich gern machen würde.

T 10: Wie ist das, wenn Sie alleine sind?

P 11: Eh, meistens langweile ich mich und öde mich an, und ich kann nicht, ich kann nicht – ich weiß nicht, was ich mit mir anfangen soll.

T 11: Und wie geht es dann weiter?

P 12: Meistens lege ich mich irgendwie hin und akzeptiere es, lethargisch (5 Sekunden Pause); ich, wissen Sie, ich glaube, daß ich wahrscheinlich dazu neige, mich zurückzuziehen, wissen Sie; ich glaube nicht, eh, daß ich in bestimmten Situationen, wissen Sie, wenn ich alleine bin, zwangsläufig rausgehe und jemanden, Leute suche, wissen Sie, mit denen ich reden kann.

T 12: Sie sind offenbar nicht gern alleine, und ich überlege gerade, was daran so schlimm ist.

P 13: Wenn ich alleine bin, wissen Sie, geht es mir so ähnlich wie in einer Gruppe von Leuten, die sich unterhalten und – ich kann wirklich nicht so viel reden. Ich fühle mich dann – sehr unwohl, und ich bin mir nicht sicher, ob ich für, für die anderen überhaupt vorhanden bin, aus irgendwelchen Gründen. Wissen Sie, vielleicht liegt es ja auch daran, daß ich mir, eh, meiner selbst nicht so richtig bewußt bin (Pause).

T 13: Ich habe den Eindruck, daß das Alleinsein mit recht viel Angst verbunden ist.

P 14: Ja. (Pause) Früher war es so, daß ich viel, eh, lesen konnte und solche Sachen; aber momentan, eh, jetzt habe ich eher das Gefühl, wenn ich etwas lese oder so was, dann habe ich eher das Gefühl, wissen Sie, ich sollte unter Leute gehen und draußen etwas machen. Wissen Sie, ich habe so einen – wissen Sie, es ist, eh, nicht ganz so, glaube ich – vielleicht ist es eine Art Zwang, eh, rauszugehen und, eh, wissen Sie, weil ich glaube, daß dort die richtige, die richtige Wirklichkeit ist, oder so.

T 14: Ja, aber Sie haben diesen Gedanken offenbar so weit geführt, daß Sie nun der Meinung sind, nichts anderes zählt, als sich mit Menschen zu beschäftigen.

P 15: Eh, ja.

T 15: Oder so etwas. (Pause) Und Sie können sich offenbar nicht mehr damit zufrieden geben, auch einmal alleine zu sein –

P 16: Ja –

T 16: – mit sich alleine zu sein –.

BE Nr. 5 (Objekt: Therapeut)

P 17: Ja, ich habe das Gefühl, ich muß rausgehen und mich irgendwie beweisen oder so; ich muß rausgehen und Leute treffen und Eindruck machen. (Lange Pause von 35 Sekunden) Was mir eben jetzt hier passiert, eh, glaube ich, ist, eh, typisch für solche Situationen, in denen ich anfange mich besser zu fühlen, mich irgendwie, wissen Sie, bewußter zu fühlen, lebendiger, mehr an den Dingen interessiert. Und dann, eh, wissen Sie, dann komme ich an einen Punkt, wo ich mich, wo ich mich zurückziehen will und wo ich wieder zumachen will.

T 17: Fühlen Sie sich im Moment gerade so?

P 18: Ja, wissen Sie, ich glaube, daran liegt es wahrscheinlich, daß ich in Unterhaltungen und Diskussionen Schwierigkeiten habe.

T 18: Ich glaube gar nicht einmal, daß Sie in Unterhaltungen wirklich so große Schwierigkeiten haben, es sei denn, Sie interpretieren solche Gesprächspausen, wie wir gerade eine hatten, –

P 19: Na ja –

T 19: – als Leere, die ausgefüllt werden muß.

P 20: Ja, ja, das mache ich wohl sehr oft.

T 20: Glauben Sie, daß es wirklich zwangsläufig so sein muß?

P 21: Eh, ich glaube, daß es wirklich –

T 21: – daß wir wirklich jede Lücke mit irgendetwas auffüllen müssen?

P 22: Nein. Ich glaube, ich sollte es etwas gelassener angehen und selbst etwas gelassener sein, besser als sich damit kaputt zu machen, wissen Sie, Schweigepausen oder so etwas. (Pause) Ich weiß nicht – was ich gerade über, wissen Sie, über meinen Rückzug gesagt habe, stimmt auch im Moment gerade wieder.

BE Nr. 6 (Objekt: Dr. T., der frühere Therapeut)

Und so was, so was ist bisher immer wieder passiert. Jedesmal, wenn ich so werde, wenn ich mich lebendiger und stärker fühle, eh, dann, drängt es mich, mich zurückzuziehen. So ählich war es auch mit den Sitzungen, die ich mit Dr. T. hatte; es gab einige Sitzungen, wo, wissen Sie, in denen ich mich ziemlich wohl gefühlt habe; im Grunde ist nicht sehr viel dabei herausgekommen, und ich habe nicht viel darüber geredet oder so etwas. Eh, ich glaube, eh, ich habe ihn dann ungefähr einen Monat lang nicht mehr aufgesucht, das war gegen Ende, eh, des letzten Herbstsemesters, eh, im Dezember, und im November bin ich überhaupt nicht zu ihm gegangen. Und, eh, ich habe mich in dieser Zeit wohler gefühlt, wissen Sie, stärker und lebendiger gefühlt wie schon lange nicht mehr (lange Pause von 15 Sekunden).

T 22: Dr. T. haben sie schon einige Male erwähnt: Glauben Sie, daß er ihnen fehlt?

P 23: Hm (5 Sekunden Pause), im Grunde nicht – hm, (10 Sekunden Pause) ich meine, im Moment habe ich nicht das Gefühl, daß er mir fehlt.

T 23: Glauben Sie, daß es irgendwelche Gefühle bei Ihnen ausgelöst hat, daß er weggegangen ist?

P 24: Eh, ich weiß nicht.

T 24: Sie haben – Sie haben mit ihm ein Jahr lang gearbeitet.

P 25: Im Grunde hatte ich keine Gefühle, wissen Sie, aber vielleicht ja doch. Die letzte Sitzung war wirklich, wirklich gut, und, wissen Sie, es hat irgendwie alles gepaßt, wissen Sie (5 Sekunden Pause). Ich habe mich nicht – ich habe mich eigentlich nicht, wenigstens nicht in dem Moment, ich war darüber überhaupt nicht so, eh, ängstlich oder – oder besorgt. Wissen Sie, im Moment kann ich jetzt nicht sehen, daß das viel – viel zu bedeuten hätte.

T 25: Ich habe ja nur so überlegt.

Diskussion der Kodierung dieser Sitzung von Herrn B. N. durch vier unabhängige Beurteiler

Diese Sitzung von Herrn B. N. wurde von 4 Beurteilern unabhängig voneinander nach der ZBKT-Methode beurteilt. Die Beurteiler waren in der Handhabung der ZBKT-Methode nicht besonders erfahren; sie hatten bislang nur einige Stunden Erfahrung mit dieser Methode sammeln können und sich dabei überwiegend auf die Lektüre des Beurteilungsmanuals (Luborsky 1986) gestützt. Für alle Beurteiler war dies der 1. Fall, den sie systematisch kodierten. Zwei Beurteiler waren erfahrene Kliniker, ein Psychiater und ein Psychologe, die beide eine einjährige Erfahrung in der Behandlung von Patienten unter der Supervision des Verfassers hatten und dabei dieses Manual als Grundlage benutzten. Die anderen 2 Beurteiler waren fortgeschrittene Psychologiestudenten. Interessanterweise stellte sich bei der Durchsicht der Beurteilungsergebnisse heraus, daß die zusammengefaßten Kodierungen trotz der Unterschiede zwischen den Beurteilern hinsichtlich Ausbildungsstand und klinischer Erfahrung recht gut übereinstimmen. Dies sind die wesentlichen Ergebnisse:

1) Das zentrale Beziehungskonfliktthema kann an den häufigsten ZBKT-Formulierungen unmittelbar abgelesen werden. Bei dem Beurteiler V. tauchte der allgemeine Wunsch, „sich zu behaupten", in allen 6 Beziehungsepisoden auf; die anderen Beurteiler weisen ähnliche Häufigkeiten desselben allgemeinen Wunsches auf. Für diesen Patienten lautet das zentrale Beziehungskonfliktthema:
   W: „Ich möchte mich behaupten" (v.a. in dem Sinne, nicht den Forderungen anderer zu nachzukommen)
   RO: „Sie drücken Überlegenheit aus."
   RS: „Ich ziehe mich zurück und werde passiv und ängstlich".
2) Die Übereinstimmung zwischen den Beurteilern ist für *W* höher als für *RO* oder *RS*. Allgemein gilt, daß die Übereinstimmung bei den häufiger auftretenden Komponenten höher ausfällt. Bei dieser kleinen Beurteilerstichprobe wird deutlich, daß die klinische Erfahrung keine entscheidende Voraussetzung für die Übereinstim-

mung der Beurteilungsergebnisse ist. Für diese 4 Beurteiler hat sich eine hohe Übereinstimmung ergeben, obwohl sie alle sogar weniger Erfahrung haben, als jene 4 Beurteiler, die denselben Fall in der Untersuchung von Levine u. Luborsky (1981) beurteilt haben.

3) Negative *RO* und *RS* treten bei diesem Patienten häufiger auf als positive; dies läßt sich auch bei allen anderen Patienten beobachten, die nach der ZBKT-Methode beurteilt wurden.

Zusammenfassung der ZBKT-Forschung

Das ZBKT wurde als ein Maß für ein durchgehendes, übergeordnetes Beziehungsmuster entwickelt. Es tritt in der Beziehung zum Psychotherapeuten ebenso auf wie in Beziehungen außerhalb der Psychotherapie. Das ZBKT als ein Maß für die Übertragung zu bezeichnen, ist gerechtfertigt, weil es Freuds (1912) Beobachtungen zur Übertragung entspricht (Luborsky et al. 1985). Nach der Theorie der analytischen Psychotherapie ist das Wiederholen und Durcharbeiten dieses immer wieder auftretenden Beziehungsmusters das entscheidende Mittel der psychotherapeutischen Veränderung. Deshalb sollte im Verlauf und zum Abschluß von analytischen Psychotherapien hauptsächlich diese Variable gemessen werden, um bestimmen zu können, inwieweit in der Therapie auf das zentrale Thema fokussiert worden ist und inwieweit Veränderungen innerhalb dieses Themas eingetreten sind. Insofern wäre es von beträchtlichem Wert herauszufinden, ob andere Psychotherapieformen ähnliche Änderungen im ZBKT erreichen; bislang lag allerdings eine brauchbare Operationalisierung dieser Variable nicht vor. Die ZBKT-Methode ist nun die erste quantitative Meßmethode für das Übertragungsmuster, die auf Psychotherapiesitzungen basiert und in der das Beziehungsmuster als sprachliche Formulierung ausgedrückt wird. Die Untersuchungen zum ZBKT werden im folgenden kurz zusammengefaßt; nähere Einzelheiten finden sich bei Luborsky (1977), Levine u. Luborsky (1981) und Luborsky et al. (1985, 1986).

Reliabilität: Übereinstimmung zwischen Beurteilern

Die Übereinstimmung zwischen Beurteilern hinsichtlich der ZBKT-Komponenten wurde von Levine u. Luborsky (1981) untersucht. Bei 16 fortgeschrittenen Psychologiestudenten, die ihre Kodierungen des ZBKT unabhängig voneinander vornahmen, ergab sich eine gute Übereinstimmung, ebenso im Vergleich mit den zusammengefaßten Kodierungen von 4 in Forschungsarbeiten besonders ausgebildeten Beurteilern. Darüber hinaus konnte die Übereinstimmung zwischen den Beurteilern mit der Methode der „nicht zusammengehörigen Fälle“ nachgewiesen werden; es hat sich nämlich herausgestellt, daß bei ausschließlicher Beurteilung der ZBKT-Komponenten von Herrn B. N. die Übereinstimmung größer ist als bei der absichtlich erfolgten Einflechtung von ZBKT-Komponenten aus 2 anderen Behandlungsfällen. In einer sehr strikten Untersuchung (Crits-Christoph, in Vorbereitung) hat sich bei 35 Fällen eine mittlere bis gute Übereinstimmung ergeben.

Zeitliche Stabilität des ZBKT

Die ZBKT-Komponenten weisen eine beträchtliche zeitliche Stabilität auf, selbst im Verlauf längerer Psychotherapien. Dies hat sich als Ergebnis aus dem Vergleich des ZBKT zu Beginn und gegen Ende der Psychotherapie von 15 Patienten im Rahmen des Penn-Psychotherapieprojekts (Luborsky 1977) ergeben. Es zeichnete sich in dieser Untersuchung ab, daß die weniger gebesserten Patienten eine größere zeitliche Stabilität im ZBKT aufweisen als die deutlicher gebesserten Patienten; ferner erwies sich die Wunschkomponente als zeitlich stabiler als die Reaktionskomponenten. Eine Kreuzvalidierung bei 43 Patienten ergab, daß die Wunschkomponente sich nur wenig änderte; die negativen *RO* und *RS* gingen zurück, während die positiven *RO* und *RS* in der Häufigkeit zunahmen (Luborsky et al., im Druck).

Weitere Untersuchungen zur zeitlichen Stabilität des ZBKT werden durchgeführt, beispielsweise von Gerin et al. (in Vorbereitung). Alle diese Untersuchungen sollen dazu beitragen, die ZBKT-Methode als ein Maß für Veränderungen im Laufe von analytischer Psychotherapie zu etablieren.

Das folgende Fallbeispiel soll den Vergleich des ZBKT zu Beginn und gegen Ende einer Psychotherapie verdeutlichen.

Fallbeispiel: Herr L.

Die Formulierung der Wunschkomponente des ZBKT lautete anfänglich: „Ich will mich mitteilen und Gehör finden und mit anderen wetteifern können und besser sein als sie." Die Konsequenzen lauteten: „Ich kann einen solchen Wunsch nicht ertragen, weil ich mich dann schuldig fühle (Reaktion des Selbst), und die anderen können ihn wegen ihrer Verletzlichkeit und Depressivität nicht ertragen" (Reaktion von anderen).

Gegen Ende der Psychotherapie waren die Wünsche im wesentlichen noch dieselben. Die Konsequenzen hingegen hatten sich geändert: Der Patient fühlte sich nun bei der Mitteilung seiner Bedürfnisse wohler, und er konnte seine Fähigkeiten angemessen darstellen (Reaktion des Selbst) und sich dabei klarmachen, daß dies von anderen angenommen und ertragen werden kann (Reaktion von anderen).

Stabilität des ZBKT hinsichtlich der Beziehung zu den Eltern im Vergleich mit der Beziehung zum Psychotherapeuten

Dieser Vergleich ist besonders interessant, kann er doch eine empirische Grundlage schaffen für die übliche Annahme, daß das Übertragungskonzept in dem ZBKT enthalten ist. Stellt sich nämlich heraus, daß das ZBKT-Muster in der Beziehung zu den Eltern der Vergangenheit dem ZBKT-Muster in der aktuellen Beziehung zum Psychotherapeuten gleicht, dann würde dies dem Übertragungskonzept entsprechen. In einer entsprechenden Untersuchung, die sich noch in Arbeit befindet (Fried et al., in Vorbereitung), wird das ZBKT-Muster in allgemeinen Beziehungen mit dem ZBKT-Muster in Erzählungen über die Beziehung zum Therapeuten verglichen.

Stabilität des ZBKT im Vergleich von Texten aus Psychotherapiesitzungen mit Erzählungen außerhalb der Psychotherapie

Eine solche Vergleichsuntersuchung mit 6 Patienten, von denen Daten aus beiden Quellen vorliegen, wird zur Zeit durchgeführt (Ravenswaay et al., in Vorbereitung). Erzählungen außerhalb der Psychotherapie wurden von den Patienten in standar- disierter Form mit dem „Relationship Anecdotes Paradigms Test" (RAP-Test) erhalten (Luborsky, Manuskript 1978). Die zentrale Fragestellung dieses Forschungsansatzes lautet, ob die Beziehungsmuster, die sich in der analytischen Psychotherapie feststellen lassen, spezifisch für die Psychotherapie sind oder ob sie allgemeine Beziehungsmuster auch außerhalb der Psychotherapie repräsentieren. Die Ergebnisse der Untersuchungen stützen die letztgenannte Alternative.

Vergleich der ZBKT-Methode mit anderen Verfahren zur Erfassung der Übertragungsbeziehung

Seit der 1. Veröffentlichung der ZBKT-Methode (Luborsky 1977) sind andere, offensichtlich ähnliche quantitative Verfahren zur Erfassung der Übertragungsbeziehung entwickelt beziehungsweise deren Ähnlichkeit mit der ZBKT-Methode betont worden. Am besten bekannt geworden ist das Verfahren von Gill u. Hoffman (1982 a), das quantitativ erfaßt, wie der Patient die Beziehung zum Therapeuten erlebt (Gill 1982; Gill u. Hoffman 1982 b). Daß sich dasselbe ZBKT sowohl in den Beziehungsepisoden über den Psychotherapeuten wie in den außertherapeutischen Beziehungen darstellt, ist ein deutlicher Hinweis darauf, daß thematisch das ZBKT in den Übertragungsphänomenen üblicherweise mitenthalten ist. Dieser Frage kann noch näher nachgegangen werden, wenn jene Beurteilungskategorien (angelehnt an die Kategorien von Gill) in die ZBKT-Methode aufgenommen werden, mit denen erfaßt werden soll, wie der Patient die therapeutische Beziehung erlebt. Ein weiteres bekanntes Beurteilungssystem ist die Methode des „unbewußten Plans“ der Psychotherapieforschungsgruppe am Mount-Zion-Hospital in San Franzisko (Weiss u. Sampson 1984). Untersuchungen zum Vergleich der ZBKT-Methode mit den anderen Verfahren befinden sich in Vorbereitung (z.B. Perry, in Vorbereitung).

Literatur

Alexander F, French T (1946) Psychoanalytic therapy: Principles and applications. Ronald, New York

Alexander L, Luborsky L (1984) Research of the helping alliance. In: Greenberg L, Pinsof W (eds) In the therapeutic process: A research handbook. Guilford, New York

Alexander L, Luborsky L, Auerbach A, Cohen M, Ratner H, Schreiber P (1982) The effect of the match between patient and therapist. Findings from the re-pairing study. (Paper delivered at the Society for Psychotherapy Research Meeting)

American Psychiatric Association, Commission on Psychiatric Therapies (1982) Manual for psychiatric treatments. Washington/DC (Typoskript)

American Psychological Association (1980) Psychotherapy research supported. APA Monitor I

Atthowe J (1973) Behavior innovation and persistence. Am Psychologist 28:34-41

Auerbach A (1963) An application of Strupp's method of content analysis of psychotherapy. Psychiatry 26:137-148

Auerbach AH, Luborsky L (1968) Accuracy of judgments of psychotherapy and the nature of the „good hour". In: Shlien J, Hunt HF, Matarazzo JP, Savage C (eds) Research in psychotherapy, vol. 3. Psychological Association, Washington/DC, pp 155-168

Beck AT, Emery GD (1977) Individual treatment manual for cognitive behavioral psychotherapy for drug abuse. (Typoskript)

Bergin A, Lambert M (1978) The evaluation of therapeutic outcomes. In: Garfield S, Bergin A (eds) Handbook of psychotherapy and behavioral change: An empirical analysis. Wiley, New York

Bergmann M, Hartman F (eds) (1977) The evolution of psychoanalytic technique. Basic Books, New York

Berlinski D (1978) Catastrophe theory and its applications: A critical review. Behav Sci 23:402-416

Berzins J (1977) Patient-therapist matching. In: Gurman A, Razin A (eds) Effective psychotherapy. Pergamon, Oxford, pp 222-251

Bibring E (1954) Psychoanalyis and the dynamic psychotherapies. J Am Psychoanal Assoc 2:745-770

Blanton S (1971) Diary of my analysis with Sigmund Freud. Hawthorne, New York

Brady JP (1970) Behavior therapy. In: Price JH (ed) Modern trends in psychological medicine. Butterworth, London, pp 256-276

Brenman M (1952) On teasing and beeing teased and the problem of „moral masochism". Psychoanal Study Child 7:264-285

Brunink S, Schroeder H (1979) Verbal therapeutic behavior of expert psychoanalytically oriented, Gestalt, and behavior therapists. J Consult Clin Psychol 47:567-574

Burstein A (1976) Psychotherapy for the poor. In: Claghorn JL (ed) Successful psychotherapy. Brunner/Mazel, New York, pp 189-196
Butcher J, Koss M (1978) Research on brief and crisis-oriented therapies. In: Garfield S, Bergin A (eds) Handbook of psychotherapy and behavior change. Wiley, New York
Butler JM, Rice LN (1963) Adience, self-actualization and drive theory. In: Wepman J, Heine R (eds) Concepts of personality. Aldine, Chicago
DeRubeis R, Hollon S, Evans M, Bemis K (1982) Can psychotherapies for depression be discriminated? A systematic investigation of cognitive therapy and interpersonal therapy. J Consult Clin Psychol 50:744-756
DiMascio A, Klerman G, Weissman M, Prusoff B, Neu C, Moore P (1979) An ethically justifiable and methodological appropriate control group for psychotherapy research in acute depression. (Typoskript)
Docherty J, Marder S, Van Kammen D, Siris S (1977) Psychotherapy and pharmacotherapy: conceptual issues. Am J Psychiatry 134:529-533
Edelson M (1963) Termination of intensive psychotherapy. Thomas, Springfield/IL
Ekstein R (1969) The learning process: From learning for love to love of. Brunner/Mazel, New York, pp 95-98
Ekstein R (1980) Robert Waelder's criteria of interpretation (1939) revisited. J Philadelphia Assoc Psychoanal 7:113-128
Ekstein R, Wallerstein R (1958) The teaching and learning psychotherapy. Basic Books, New York
Feldman F (1968) Results of psychoanalysis in clinical case assignments. J Am Psychoanal Assoc 16:274-300
Feldman F, Lorr M, Russell S (1958) A mental hygiene clinic case survey. J Clin Psychol 14:245-250
Fenichel O (1930) Statistischer Bericht über die therapeutische Tätigkeit, 1920-1930. In: Zehn Jahre Berliner psychoanalytisches Institut. Int Psychoanal Verlag, Wien, S 13-19
Fenichel O (1941) Problems of psychoanalytic technique. Psychoanal Q 7
Ferenczi S (1920) Weiterer Ausbau der „aktiven Technik" in der Psychoanalyse. In: Ferenczi S (1927): Bausteine zur Psychoanalyse. Internationaler Psychoanalytischer Verlag, Leipzig, S 62-86
Fiske DW, Cartwright DS, Kirtner WL (1964) Are psychotherapeutic changes predictable? J Abnorm Soc Psychol 69:418-426
Frank J (1968) The role of hope in psychotherapy. Int J Psychiatry 5:383-395
French T, Wheeler D (1963) Hope and the repudiation of hope in psychoanalytic therapy. Int J Psychoanal 44:304-316
Freud S (1911) Die Handhabung der Traumdeutung in der Psychoanalyse. GW Bd 8, S 349-357
Freud S (1912a) Zur Dynamik der Übertragung . GW Bd 8, S 363-374
Freud S (1912b) Ratschläge für den Arzt bei der psychoanalytischen Behandlung. GW Bd 8, S. 375-387
Freud S (1913a) Zur Einleitung der Behandlung. GW Bd 8, S 453-478
Freud S (1913b) Das Interesse an der Psychoanalyse. GW Bd 8, S 389-420
Freud S (1914) Erinnern, Wiederholen und Durcharbeiten. GW Bd 10, S 125-136
Freud S (1915a) Das Unbewußte. GW Bd 10, S 209-232
Freud S (1915b) Bemerkungen über die Übertragungsliebe. GW Bd 10, S 305-321
Freud S (1926) Hemmung, Symptom und Angst. GW Bd 14, S 111-205
Freud S (1932) Neue Folge der Vorlesung zur Einführung in die Psychoanalyse. GW Bd 15

Freud S (1937) Die endliche und die unendliche Analyse. GW Bd 16, S 57-99
Fried P, Crits-Christoph P, Luborsky L (in preparation) Measuring the transference in psychotherapy
GAP (1975) Pharmacotherapy and psychotherapy: paradoxes, problems and progress. Report 93 NY: GAP
Gerin P, Baget J, Sali H (in preparation) Measuring change in psychotherapy by the „core conflictual relationship theme method"
Gill MM (1951) Ego psychology and psychotherapy. Psychoanal Q 20:60-71
Gill MM (1954) Psychanalysis and exploration psychoanalysis. J Am Psychoanal Assoc 2:771-790
Gill MM (1979) The analysis of transference. J Am Psychoanal Assoc [Suppl]: 263-288
Gill MM (1982) Analysis of transference. Theory and technique (Psychological issues, vol 1; Monograph 53). Int Univ Press, New York
Gill MM, Hoffman IZ (1982a) A method for studying the analysis of aspects of the patient's experience of the relationship in psychoanalysis and psychotherapy. J Psychoanal Assoc 30:137-167
Gill MM, Hoffman IZ (1982b) Analysis of transference. Studies of nine audiorecorded psychoanalytic sessions (Psychological issues, vol 2; Monograph 54). Int Univ Press, New York
Glover E (1955) The technique of psycho-analysis. Int Univ Press, New York
Goldstein AP, Simonson Nr (1971) Social psychological approaches to psychotherapy research. In: Bergin AE, Garfield SL (eds) Handbook of psychotherapy and behavior change. Wiley, New York
Greenblatt M (1959) Discussion of papers by Saslow and Matarazzo and Lacey. In: Rubinstein E, Parloff M (eds) Research in psychotherapy. American Psychological Association, Washington/DC, pp 209-220
Greenson R (1965) The working alliance and transfer neurosis. Psychanal Q 34:158-181
Greenson R (1973) Technik und Praxis der Psychoanalyse. Klett, Stuttgart
Greenspan S (1981) Psychopathology and adaption in infancy and early childhood: Principles of clinical diagnosis and preventive intervention. Int Univ Press, New York (Clinical Infant Reports 1)
Greenspan S, Polk W (1980) A developmental approach to the assessment of adult personality functioning and psychopathology. In: Greenspan S, Pollock G (eds) The course of life: Psychoanalytic contributions toward understanding personality development, vol 3. Government Printing Office, Washington/DC
Greenspan S, Sharfstein S (1981) The efficacy of psychotherapy: Asking the right questions. Arch Gen Psychiatry 38:1213-1219
Grinker R, Spiegel J (1944) Brief psychotherapy in war neuroses. Psychosom Med. 6:123-131
Grinker R, Spiegel J (1945) Men under stress. Blakiston, Philadelphia
Henry W, Sims J, Spray S (1973) Public and private lives of psychotherapists. Josey-Bass, San Francisco
Herink R (ed) (1980) The psychotherapy handbook: The A to Z guide to more than 250 different therapies in use today. New American Library (Meridian), New York
Hoehn-Saric R, Frank J, Imber S, Nash E, Stone A, Battle C (1964) Systematic preparation of patients for psychotherapy. I: Effects on therapy behavior and outcome. Psychatr Res 2:267-281
Hollender M (1965) The practice of psychoanalytic psychotherapy. Grune & Stratton, New York

Holt R, Luborsky L (1958) Personality patterns of psychiatrists, vol 1. Basic Books, New York
Holzman P (1965) Process in the supervision of psychotherapy. Bull Menninger Clinic 29:125-130
Horowitz M (1979) States of mind: Analysis of change in psychotherapy. Plenum, New York
Horowitz LM, Sampson H, Sigelman E, Wolfson A, Weiss J (1975) On the identification of warded-off mental contents. J Abnorm Psychol 84:545-558
Horowitz M, Marmar C, Wilner N (1979) Analysis of patient states and state transitions. J Nerv Ment Dis 167:91-99
Janis I (ed) (1982) Counseling on personal decisions: Theory and research on short-term helping relationships. Yale Univ Press, New Haven/CT
Janis I (1983) Short term counseling: Guidelines based on recent research. Yale Univ Press, New Haven/CT
Kaernthal R, Blanck P, Vannicelli M (1984) Speaking to patients: Predicting therapists' tone of voice. J Consult Clin Psychol 52:679-686
Karusu TB (1981) From Freudian psychoanalysis to experiental psychotherapies: An essay on recent trends. Academy Forum 25:13-31
Kernberg O (1975) Borderline conditions and pathological narcissm. Jason Aronson, New york
Kernberg O, Burstein E, Coyne L, Applebaum A, Horowitz L, Voth H (1972) Psychotherapy and psychoanalysis: Final report of the Menninger Foundation's psychotherapy research project. Bull Menninger Clinic 36:1-275
Klein G (1970) Perception, motives and personality. Knopf, New York
Klerman G, Neu C (1976) A manual for interpersonal treatment of depression. (Typoskript)
Klerman G, Rousanville B, Chevron E, Neu C, Weissman M (1979) Manual for short-term interpersonal psychotherapy (IPT) for depression. Yale University, New Haven/CT
Klerman G, Weissman M, Rousanville B, Chevron E (1984) Interpersonal psychotherapy of depression. Guilford, New York
Kohut H (1979) Die Heilung des Selbst. Suhrkamp, Frankfurt
Levine F, Luborsky L (1981) The core conflictual relationship theme method – A demonstration of reliable clinical inferences by the method of mismatched cases. In: Tutman S, Kaye C, Zimmerman M (eds) Object and self: A developmental approach. Int Univ Press, New York, pp 501-526
Lindemann E (1944) Symptomatology and management of acute grief. Am J Psychiatry 101:141-148
Lipton S (1973) Review of Blanton (1971). Bull Philadelphia Assoc Psychoanal 23:236-237
Lipton S (1979) An addendum to: The advantages of Freud's techniques as shown in his analysis of the Rat man. Int J Psychoanal 60:215-216
Luborsky L (1953) Repeated intra-individual measurements (P-Technique) in understanding symptom structure and psychotherapeutic change. In: Mowrer HO (ed) Psychotherapy: theory and research (chap 14). Ronald, New York
Luborsky L (1962) The patient's personality and psychotherapeutic change. In: Strupp H, Luborsky L (eds) Research in psychotherapy, vol 2. American Psychological Association, Washington/DC, pp 115-133
Luborsky L (1967) Momentary forgetting during psychotherapy and psychoanalysis: A theory and research method. In: Holt RR (ed) Motives and thought: Psychoanalytic essays in honor of David Rapaport. Int. Univ Press, New York pp 177-217
Luborsky L (1969) Research cannot yet influence clinical practice. (An evaluation of Strupp

and Bergin's „Some empirical and conceptual bases for coordinated research in psychotherapy: Critical review of issues, trends and evidence".) Int J Psychiatry 7:135-140

Luborsky L (1970) New directions in research on neurotic and psychosomatic symptoms. Am Scientist 58:661-668

Luborsky L (1973) The task of psychotherapist – A socratic dialogue between the therapist and the supervisor in psychoanalytically oriented psychotherapy. (Typoskript)

Luborsky L (1976 a) Helping alliances in psychotherapy: the groundwork for a study of their relationship to its outcome. In: Claghorn JL (ed) Successful psychotherapy. Brunner/Mazel, New York, pp 92-116

Luborsky L (1976 b) A general manual for supportive-expressive psychoanalytically orientied psychotherapy. (Typoskript)

Luborsky L (1977) Measuring a pervasive psychic structure in psychotherapy: The core conflictual relationship theme. In: Freedman N, Grand S (eds) Communicative structures and psychic struktures. Plenum, New York, pp 367-395

Luborsky L (1978 a) Relationship narratives as a basis for inference about transference. (Typoskript)

Luborsky L (1978 b) The relationship anecdotes paradigms test (RAP test): A TAT-like method using actual narratives. (Typoskript)

Luborsky L (1983) A guide to the core conflictual relationship theme method: Directions for scoring and a review of related research. (Typoskript)

Luborsky L, Auerbach AH (1969) The symptom-context method: Quantitative studies of symptom formation in psychotherapy. J Am Psychoanal Assoc 17:68-99

Luborsky L, Auerbach AH (1979) Manual for nonscheduled minimal treatment. (Adapted from DiMascio et al. 1979) (Typoskript)

Luborsky L, De Rubeis R (1984) The use of psychotherapy manuals. A small revolution in psychotherapy research style. Clin Psychol Rev 4

Luborsky L, Kächele H (Hrsg) (1988) Der zentrale Beziehungskonflikt. Ein Arbeitsbuch. PSZ-Verlag, Ulm

Luborsky L, McLellan AT (1981) Optimal matching of patients with types of psychotherapy: What ist known and some designs for knowing more. In: Gottheil A, McLellan T, Druley K (eds) Matching patient needs and treatment methods for alcohol and drug abuse. Thomas, Chicago, pp 51-71

Luborsky L, Schimek J (1964) Psychoanalytic theories of therapeutic and developmental change: Implications for assessment. In: Worchel P, Byrne D (eds) Personality change. Wiley, New York, pp 37-99

Luborsky LB, Fabian M, Hall BH, Tich E, Ticho G (1958) Treatment variables. Bull Menninger Clinic 22:126-147

Luborsky L, Chandler M, Auerbach AH, Cohen J, Bachrach HM (1971) Factors influencing the outcome of psychotherapy: A review of quantitative research. Psychol Bull 75:145-185

Luborsky L, Graff H, Pulver S, Curtis H (1973) A clinical-quantitative examination of consensus on the concept of transference. Arch Gen Psychiatry 29:69-75

Luborsky L, Singer B, Luborsky L (1975) Comparative studies of psychotherapies: Is it true that „Everybody has won and all must have prizes"? Arch Gen Psychiatry 32:995-1008

Luborsky L, Docherty J, Todd T, Knapp P, Mirsky A, Gottschalk L (1975) A context analysis of psychological states prior to petit mal seizures. J Nerv Ment Dis 160:282-298

Luborsky, L, Sackeim H, Christoph P (1979) The state conducive to momentary forgetting. In: Kihlstrom J, Evans F (eds) Functional disorders of memory. Erlbaum, Hillside/NY, pp 325-353

Luborsky L, Mintz J, Auerbach A, Christoph P, Bachrach H, Todd T, Johnson M, Cohen M, O'Brien CP (1980) Predicting the outcomes of psychotherapy – Findings of the Penn psychotherapy project. Arch Gen Psychiatry 47:471-481

Luborsky L, Woody GE, McLellan AT, O'Brien CP, Rosenzweig J (1982) Can independent juges recognize different psychotherapies? An experiment with manual-guided therapies. J Consult Clin Psychol 30:49-62

Luborsky L, Singer B, Hartke J, Crits-Christoph P, Cohen M (1983) Which concepts of depression fit the context of Mr. Q's shifts? In: Rice L, Greenberg L (eds) Patterns of change: Intensive analysis of psychotherapy process. Guilford, New York

Luborsky L, Crits-Christoph P, Alexander L, Marguolis M, Cohen M (1983) Two helping alliance methods for predicting outcomes of psychotherapy: A counting signs vs. a global rating method. J Nerv Ment Dis 171:480-492

Luborsky L, McLellan AT, Woody G, O'Brien C, Auerbach A (1985) Therapists' success and its determinants. Arch Gen Psychiatry 42:602-611

Luborsky L, Mintz J, Auerbach A, Crits-Christoph P, Bachrach H, Cohen M (in press) Psychotherapy: Who will benefit and how? – Factors influencing the outcomes of psychotherapy. Basic Books, New York

Luborsky L, Woody G, Hole A, Velleco A (in preparation) Treatment manual for supportive-expressive psychoanalytically oriented psychotherapiy – Special adaption for treatment of drug dependence. In: Woody G, Luborsky L, McLellan T (eds) Psychological treatment manuals and their effectiveness for drug abuse patients

Malan DH (1976) Toward the validation of a dynamic psychotherapy. Plenum, New York

Mann J (1973) Time-limited psychotherapy. Harvard Univ Press, Cambridge/MA

Mayman M (1978) Trauma, stimulus barrier, ego boundaries and self-preservation: Ego psychology in: „Beyond the pleasure principle“. In: Smith S (ed) The human mind revisited: Essays in honor of Karl A. Menninger. Int Univ Press, New York

McLellan AT, Luborsky L, Woody G, O'Brien O, Druley K (1983) Predicting response to alcohol and drug treatments: Role of psychiatric severity. Arch Gen Psychiatry 40:620-625

McLellan AT, Luborsky L, O'Brien O, Druley K, Woody G (1983) Increased effectiveness of substance abuse treatment – A prospektive study of patient-treatment „matching“. J Nerv Ment Dis 171:597-603

Menninger K (1942) Love against hate. Harcourt & Brace, New York

Menninger, K, Holzman PS (1973) The theory of psychoanalytic techniques, 2nd ed. Basic Books, New York

Menninger K, Mayman M, Pruyser P (1963) The vital balance: The life process in mental health and illness. Viking, New York

Morgan R, Luborsky L, Crits-Christoph P, Curtis H, Solomon J (1982) Predicting the outcomes of psychotherapy by the Penn helping alliance rating method. Arch Gen Psychiatry 39:397-402

Nash E, Hoehn-Saric R, Battle C, Stone A, Imber S, Frank J (1965) Systematic preparation of patients for short-term psychotherapy. II. Relation of characteristics of patient, therapist and the psychotherapeutic process. J Nerv Ment Dis 140:374-383

Neu C, Prusoff B, Klerman G (1978) Measuring the interventions used in the short-term interpersonal psychotherapy of depression. Am J Orthopsychiatry 48:629-636

Orne M, Wender P (1968) Anticipatory socialization for psychotherapy: Method and rationale. Am J Psychiatry 124:88-98, 1209-1211

Parloff MB (1979) Can psychotherapy research guide the policymaker? A little knowledge may be a dangerous thing. Am Psychologist 34:296-306

Perry C, Luborsky L, Silberschatz G, Popp C (in preparation) An examination of three methods of psychodynamic formulation based on the same videotaped interview
Pfeffer AZ (1959) A procedure for evaluating the results of psychoanalysis: A preliminary report. J Am Psychoanal Assoc 7:418-444
Ramzy I (1974) How the mind of the psychoanalyst works: An essay of psychoanalytic inference. Int J Psychoanal 55:543-550
Ramzy I, Shevrin H (1976) The nature of the inference process. A critical review of the literature. Int J Psychoanal 57:151-159
Rank O (1929) Technik der Psychoanalyse. Bd II: Die analytische Reaktion in ihren kostruktiven Elementen. Deuticke, Leipzig
Rank O (1931) Technik der Psychoanalyse. Bd III: Die Analyse des Psychoanalytikers und seine Rolle in der Gesamtsituation. Deuticke, Leipzig
Rapaport D, Gill MM, Schafer R (1968) Diagnostic psychological testing (rev. ed. RR Holt). Int Univ Press, New York
Redl F (1966) When we deal with children. Free Press, New York
Rogers C (1957 a) The necessary and sufficient conditions of therapeutic personality change. J Consult Psychol 21:95-103
Rogers C (1957 b) Training individuals to engage in the therapeutic process. In: Struther CR (ed) Psychology and mental health. American Psychological Association, Washington/DC, pp 76-92
Rounsaville B, Weissman M, Prusoff B (1981) Psychotherapy with depressed outpatients: Patient and process variables as predictors of outcome. Br J Psychiatry 138:67-74
Rounsaville B, Glazer W, Wilbur C, Weissmann M, Kleber H (1983) Short-term interpersonel psychotherapy in methadone-maintained opiate addicts. Arch Gen Psychiatry 40:629-636
Sampson H (1976) A critique of certain traditional concepts in the psychoanalytic theory of therapy. Bull Menninger Clinic 40:255-262
Schafer R (1958) On the psychoanalytic study of retest results. J Proj Tech 22:102-109
Schlesinger H (1969) Diagnosis and prescription for psychotherapy. Bull Menninger Clinic 33:269-278
Schlesinger H (1977) The responsibility of the psychoanalyst for analytic and therapeutic change. In: Appelbaum A (recorder) The transactions of the Topeka psychoanalytic society. Bull Menninger Clinic 41:202-206
Schmale AH (1958) Relationship of separation and depression to disease. Psychosom Med 20:259-277
Sifneos PW (1972) Short-term psychotherapy and emotional crisis. Harvard Univ Press, Cambridge/MA
Silberschatz G (1977) The effects of the analyst' neutrality on the patient's feelings and behavior in the psychoanalytic situation. Ph. diss., New York University
Singer B, Luborsky L (1977) Countertransference: A comparison of what is known form the clinical vs. quantitative research. In: Gurman A, Razin A (eds) The therapist's contribution to effective psychotherapy: An empirical assessment. Pergamon, New York
Sloane RB, Staples FR, Cristol AH, Yorkson NY, Whipple K (1981) Analytische Psychotherapie und Verhaltenstherapie. Eine vergleichende Untersuchung. Enke, Stuttgart
Smith M, Glass G, Miller T (1980) The benefits of psychotherapy. Johns Hopkins Press, Baltimore
Spence DP (1973) Tracing a thought stream by computer. In: Rubinstein BB (ed) Psychoanalyis and contemporary science, vol 2. Macmillan, New York

Spence DP, Lugo M (1972) The role of verbal cues in clinical listenig. In: Holt R, Peterfreund E (eds) Psychoanalysis and contemporary science, vol 1. Macmillan, New York, pp 109-131

Stone L (1951) Psychoanalysis and brief psychotherapy. Psychoanal Q 20:215-236

Stone L (1973) Die psychoanalytische Situation. Fischer, Frankfurt am Main

Stone PJ, Dunphy DC, Smith MS, Ogilvie DM (1966) The general inquirer. MIT Press, Cambridge/MA

Strupp H (1958) The performance of psychoanalytic and client-centered therapists in an initial interview. J Consult Psychol 22:265-274

Strupp H, Binder J (1982) Time-limited dynamic psychotherapy (TLDP): A treatment manual. (Typoskript)

Strupp H, Binder J (1984) Psychotherapy in an obscurkey. A guide to time-limited dynamic psychotherapy. Basic Books, New York

Van Ravenswaay P, Luborsky L, Childress A (1983) Consistency of the transference in vs. out of psychotherapy (Paper given at Society for Psychotherapy Research, Juli 1983)

Waelder R (1976, [1]1939) Criteria of interpretation. In: Gutman (ed) Psychoanalysis: Observation, theory, application-selected papers by Robert Waelder. Int Univ Press, New York

Wallerstein R (1986) Forty-two lives in treatment. Guilford, New York

Wallerstein R, Robbins L (1956) Concepts. In: Wallerstein R, Robbins L, Sargent H, Luborsky L (eds) The psychotherapy research project of the Menninger Foundation. Bull Menninger Clinic 20:239-262

Wallerstein R, Robbins L, Sargent H, Luborsky L (1956) The psychotherapy research project of the Menninger Foundation. Rationale, method and sample use. Bull Menninger Clinic 20:221-280

Waskow IE, Hadley S, Parloff M, Autry J (1979) Psychotherapy of depression (Collaborative research program. Unpublished interim research proposal. National Institute of Mental Health)

Weiss J (1971) The emergence of new themes: A contribution to the psychoanalytic theory of therapy. In J Psychoanal 52:459-467

Weiss J, Sampson H (1984) The psychotherapeutic process. Guilford, New York

Weissman M (1979) The psychological treatment of depression. Evidence for the efficacy of psychotherapy alone in comparison with, and in combination with pharmacotherapy. Arch Gen Psychiatry 36:1261-1269

Witaker C, Malone T (1981) The roots of psychotherapy. Brunner/Mazel, New York

Witkin H, Lewis HB, Weil E (1968) Affective reactions and patient-therapist interaction among more differentiated and less differentiated patients early in therapy. J Nerv Ment Dis 146:1930-2008

Wolberg LR (1967) The technique of psychotherapy, 2nd ed. Grune & Stratton, New York

Woody GE, Stockdale D, Hargrove E (1977) A manual for drug counseling. (Typoskript)

Woody G, McLellan AT, Luborsky L, O'Brien CP (1981) Psychotherapy for opiate addiction: Some preliminary results: Ann New York Acad Sci 362:91-100

Woody G, Luborsky L, McLellan AT, O'Brien CP, Beck A, Blaine J, Herman I, Hole A (1983) Psychotherapy for opiate addicts – Does it help? Arch Gen Psychiatry 40:639-645

Woody GE, Luborsky L, McLellan T (in preparation) Psychological treatment manuals for drug abuse patients and evidence for their effectiveness

Zetzel E (1974) Die Fähigkeit zu emotionalem Wachstum. Klett, Stuttgart